Für Reni in Liebe

Dieses Buch ist all den wunderbaren Menschen gewidmet, die das Licht und die Liebe in ihrem Leben suchen. Möge dieses Buch uns allen dabei helfen, Liebe zu finden, indem wir sie leben. Erst wenn wir lieben, beginnt unser Leben zu leuchten …

Inhalt

Einleitung 9
Affirmationen 13
Selbstwertgefühl 25
Partnerschaft und Beziehungen .. 37
Erfolg und Reichtum 55
Liebe und Harmonie 75
Vergebung 89
Glaube und Vertrauen 101
Heilung 113
Eltern und Kinder 127
Beruf 141
Lebensaufgabe 155
Trauer und Loslassen 163
Engel, unsere himmlischen Helfer 175
Epilog 185

Einleitung

Warum ist das Leben hier auf dieser Welt für den einen ein Spiel, eine Herausforderung, eine Ansammlung von Chancen, getragen von Dankbarkeit, Glück und Liebe?

Und warum ist es für den anderen ein Kampf, voller Schwierigkeiten und Probleme, eine Bedrohung, mit dem Gefühl, vom Pech verfolgt und der Missgunst anderer ausgesetzt zu sein?

Hat der eine im Leben das große Los gezogen und der andere nur die Niete? Ist alles vorbestimmt? Können wir unsere Lebensumstände durch unsere eigene Bewusstseinshaltung beeinflussen? Kann es sogar sein, dass einer, der meint, die Niete gezogen zu haben, plötzlich erkennt, dass auch er ein glückliches Leben führen kann?

Und wenn ja, wie? Fragen über Fragen, denen ich hier in diesem Buch gern auf den Grund gehen möchte.

Wir alle kennen Menschen beider Kategorien und fragen uns oft, woher diese unterschiedlichen Einstellungen kommen. Die Antwort liegt in dem Wort ›Einstellung‹. Wie wir eingestellt sind, so wird auch unser Leben verlaufen.

Und wovon hängt unsere Einstellung ab? Mit Sicherheit hat unser Umfeld in der Kindheit eine wichtige Rolle gespielt, zum Beispiel das Elternhaus oder unsere Lehrer. Aber irgendwann dürfen wir begreifen, dass wir selber viel dazu beitragen können, die Umstände unseres Lebens zu formen. Spätestens dann sollten wir die Verantwortung für uns selbst und für unser Leben übernehmen. Unser Glück ist kein Geschenk, das andere Menschen für uns bereithalten. Unser seelisches und körperliches Wohl hängen von uns selber ab.

Nicht irgendeine unfassbare Kraft, sondern wir selbst beeinflussen unsere Lebensumstände und bestimmen so viel von dem, was uns widerfährt! Wir selbst sind es, die über die Sichtweise der Ereignisse unseres Lebens entscheiden. Denn nicht die Ereignisse sind positiv oder negativ, sondern unsere Einstellung dazu!

Nach der Neuerscheinung eines Buches werde ich oft von meinen Lesern gefragt, ob denn schon wieder ein neues über diese Themen unterwegs sei. Darauf entgegne ich stets belustigt: »Fragt doch mal eine Wöchnerin, die gerade ein Baby zur Welt gebracht hat, wann denn das nächste käme …!« Nachdem aber mein Affirmationsbuch ›*Impulse zum Glücklichsein*‹ so gut angenommen wurde, hatte ich mich schon länger mit dem Gedanken getragen, ein weiteres Lebenshilfebuch zu schreiben.

Doch meine Engel hatten etwas anderes mit mir vor, denn plötzlich trug der Integral-Verlag, der zur Bertelsmann-Gruppe gehört, den Wunsch an mich heran, einen Nachfolger meines Impulse-Buches zu schreiben. Das wäre mein erstes Buch, welches nicht zuerst als Hardcover-Version in unserem Country-Verlag herausgegeben würde. Doch je mehr ich darüber nachdachte, desto ratsamer erschien mir dieser Gedanke. Dadurch würden mehr Menschen von der Möglichkeit erfahren, die Umstände ihres Lebens weitgehend selbst beeinflussen zu können, als durch unseren Verlag.

So entstand die Idee für dieses Buch ›*Lass dein Leben leuchten!*‹

Seit 1994 leite ich nun viele Seminare in Deutschland und den deutschsprachigen Nachbarländern. Und immer wieder bestätigen mir meine Teilnehmer, wie wertvoll Affirmationen für ihr Leben sind. Sie haben erkannt, wie sehr sie mit diesem Instrument den Kurs ihres Lebens mitbestimmen und sich wieder ›einnorden‹ können, wie man in der Nautik sagt.

Dieses Buch soll mit seinen Affirmationen Hilfe zur Selbsthilfe geben und die Frage klären: Wo stehe ich in diesem Moment? Wie bekomme ich meine Einstellung dahingehend in den Griff, dass sie *für* und nicht *gegen* mich wirkt? Welches Gefühl ist mit einer Situation oder einer Tätigkeit verbunden, das heißt, fühle ich mich wohl dabei? Lebe ich in Einklang mit den geistigen Gesetzen? Sind meine Gedanken und Handlungen auch für andere liebevoll, oder schade ich eventuell anderen, weil mein Vorteil auf ihre Kosten geht?

Jeder Wunsch sollte von uns zuerst gründlich geprüft werden. Wenn er für unser Leben richtig ist, dann werden wir auch Mittel und Wege finden, uns diesen Wunsch zu erfüllen, ohne anderen zu schaden. Nach dem Gesetz des Ausgleichs kommt früher oder später alles auf uns selbst zurück.

Hier greifen Affirmationen. Schritt für Schritt führen sie uns immer mehr dorthin, ein mit negativen Gefühlen behaftetes Programm unseres Unterbewusstseins durch ein positives zu ersetzen. Und genau das ist es, was ich mit diesem Buch erreichen möchte.

Affirmationen

Was sind Affirmationen? Dazu möchte ich gern vorab einige grundsätzliche Erläuterungen geben: Alles, jeder Gedanke, jedes Wort, ist eine Affirmation, eine Bestätigung. Aus unseren Gedanken werden Worte. Daraus entstehen dann unsere Handlungen und unsere Überzeugungen.

»O je«, wird jetzt so mancher Leser denken, »wenn jeder Gedanke und jedes Wort bereits eine Affirmation ist, dann wird mir auch klar, warum es so viele offene Baustellen in meinem Leben gibt.«

In meinen Seminaren beschreibe ich Affirmationen als Bestätigungen von Ereignissen, die noch nicht eingetreten sind. Möchten wir die Wirkungskraft von Affirmationen erfahren, müssen wir so tun, als ob sich die Situation bereits ereignet hätte, auch wenn unser Leben momentan etwas völlig Gegensätzliches zeigt. Unsere Worte und Gefühle bejahen diese Geschehnisse unserer Zukunft. Durch positive Affirmationen setzen wir bewusst die Ursachen für zukünftige positive Ergebnisse. Wir werden kritische Situationen meistern, weil wir unsere Gedanken für die Lösung einsetzen und *nicht* für das Problem. Affirmationen verändern und gestalten die Umstände unseres Lebens. Sie erschaffen unsere Wirklichkeit; am ehesten, wenn wir mit einem freudigen Gefühl die Wunscherfüllung bereits vor Augen haben.

Mit Affirmationen können wir unserem Lebensschiff den Kurs vorgeben und eine angenehme Reise bestellen – wie zum Beispiel nette Passagiere und Mitreisende, ausreichend Proviant, viel Kraft und Vertrauen, um auch Stürme zu überstehen. Wir können jedoch nicht Ereignisse, die wir erleben *sollen*, verhindern – wir können uns nur mit genügend Kraft versehen.

Affirmationen sind Lebensformeln, die zu Glaubenssätzen werden. Alles, was wir dazu benötigen, ist bereits in uns selbst angelegt. Wir haben also alles in uns. Affirmationen sind Werkzeuge für ein konstruktives und kraftvolles Leben. Benutzen wir diese, heißt das allerdings auch, dass wir uns bereit erklären, für alles, was uns widerfährt, die volle Verantwortung zu übernehmen. Viele von uns wissen jedoch gar nicht, wie sie dieses wertvolle Instrument einsetzen können, um mehr Liebe und Gutes im Leben zu erfahren.

Niemand würde versuchen, einen Nagel mit bloßer Hand in die Wand zu schlagen. Wir nehmen einen Hammer, und schon funktioniert es! Dieses Beispiel macht deutlich, dass wir mit geeignetem Werkzeug eher in der Lage sind, Halt und Struktur in unser Leben zu bringen.

Oft werde ich in meinen Seminaren gefragt, ob man denn nun sein gesamtes Denken ändern müsse. Meine Antwort darauf kann nur sein: »Falls euer bisheriges Denken und eure Worte überwiegend negativ, kritisierend und misstrauisch sind, ist eine durchgreifende Änderung eurer Einstellung mehr als sinnvoll!«

Machen wir doch mal den ›Ein-Tages-Test‹. Einen Tag lang fragen wir uns: Welche Qualität hat dieser Gedanke, der *jetzt* gerade in meinem Bewusstsein ist? Ist er gut und konstruktiv, voller Kraft und Liebe für mich und andere? Oder ist er zaghaft, zaudernd, missgünstig, ärgerlich oder wütend? Und dann sollten wir am Ende dieses Tages das Fazit ziehen: Wie war dieser Tag? Überwiegend mit positiven Gedanken besetzt oder vielleicht genau das Gegenteil? Machen wir uns klar:

Wenn wir uns über irgendetwas eine Minute lang ärgern,
dann lasst uns erkennen,
dass wir dadurch 60 Sekunden Fröhlichkeit verlieren.

Zuerst sollten wir jeden Wunsch daraufhin überprüfen, ob die Erfüllung auch anderen Menschen nützt oder zumindest ihnen nicht schadet.

Ganz besonderer Segen liegt auf einer Entscheidung, die zum Wohle aller getroffen wird. Neiden wir einem anderen Menschen dagegen Besitz, Erfolg oder Reichtum, wird unser Unterbewusstsein dafür sorgen, dass diese Qualitäten auch in unserem Leben nicht zum Tragen kommen. Das Lebensgesetz sagt auch hier ganz klar: Was ich einem anderen nicht gönne, erhalte ich selbst nicht!

Bei diesem Satz horchte eine Seminarteilnehmerin auf und meldete sich zu Wort. »Heißt das«, fragte sie nachdenklich, »dass auch das Gegenteil davon eintreten kann? Ich habe nämlich allen Ehepaaren in unserer näheren Bekanntschaft immer wieder von Herzen Kinder gewünscht.«

»Und? Was willst du damit sagen?«, hakte ich nach.

»Ja«, lachte sie, »jetzt habe ich selber fünf!«

Ein lustiges Beispiel! Doch in Bezug auf Kinder oder andere Menschen kann man das nicht verallgemeinern. Eine

Seele sucht sich aus, ob und wann der richtige Zeitpunkt für sie ist, auf die Welt zu kommen – ob mit oder ohne Affirmationen. Doch darauf gehe ich an anderer Stelle noch ausführlicher ein.

Wie schafft man es nun, positive Affirmationen möglichst schnell wirken zu lassen? Indem wir locker bleiben, vertrauen und das Gesetz der geistigen Ebene verinnerlichen: Gleiches zieht Gleiches an. Wir sollten unseren Affirmationen einen guten Nährboden geben. Denn was geschieht, wenn wir ein Samenkorn in einen guten Boden pflanzen, der ideal ist für das Wachstum einer Pflanze? Genau, der Keim entwickelt sich prächtig! Ebenso werden sich unsere Affirmationen verwirklichen, wenn sie den idealen Nährboden vorfinden, in dem sie wachsen und gedeihen können.

Aber nach dem gleichen Prinzip werden sich auch negative Gedanken prächtig entwickeln, wenn sie auf ein dementsprechendes Umfeld – wie Opfergefühl, Ärger, Wut und ähnliche Gefühle – stoßen.

Dazu möchte ich ein Beispiel anführen. Da ist jemand, der starke Schmerzen hat. Er soll sich nun vorsagen oder aufschreiben: ›Es geht mir gut. Ich bin dankbar für meine vollständige Gesundheit an Körper, Geist und Seele‹, während der Schmerz ihn fast umhaut. Das kann nicht funktionieren, weil das Gefühl des Schmerzes alles überlagert und die Affirmation das Unterbewusstsein nicht erreicht.

Hier erscheint es mir sinnvoll, ganz behutsam zu beginnen. Ich denke da an die berühmte Coué-Formel. Emile Coué war ein französischer Apotheker und Begründer der modernen, bewussten Autosuggestion. Als Apotheker stellte er fest, wie wichtig es war, dass er einen positiven Kommentar abgab, wenn seine Kunden ihre Medizin abholten. Immer wenn er sagte: »Mit diesem Medikament werden Sie sicher ganz schnell gesund«, fiel ihm auf, dass die Arznei sehr viel besser wirkte, als wenn er nichts dazu sagte.

Coué gelang es, durch das Erkennen der inneren Vorgänge die Gesetze der Autosuggestion aufzudecken. Seine einfache Formel, die man sich täglich nach dem Erwachen und vor dem Einschlafen immer wieder halblaut vorsprechen sollte, konnte dabei sehr hilfreich sein:

»Mit jedem Tag geht es mir in jeder Hinsicht besser und besser!«

Wichtig war hierbei, dass mit diesem Satz nicht nur das Unterbewusstsein angesprochen wurde, sondern auch der Verstand nachvollziehen konnte, dass es mit der Heilung von Tag zu Tag aufwärtsging. Diese Worte sollten möglichst langsam und monoton wie ein Mantra gesprochen werden, ohne den Willen zu sehr zu bemühen.

Bei akuten Schmerzen oder Beschwerden, gleich ob körperlicher oder seelischer Art, gab Coué den Rat, die Hand auf die betroffene Stelle zu legen und möglichst schnell zu wiederholen:

»Es ist vorbei. Es ist vorbei. Es ist vorbei!«,

bis die Symptome abklangen. Bei regelmäßiger Anwendung stellte sich der Erfolg immer schneller ein, und die Symptome erschienen immer seltener, bis sie schließlich ganz verschwanden.

Oft höre ich in meinen Seminaren: »Warum wissen eigentlich nicht alle Menschen, dass sie ihr Leben durch Autosuggestion oder Affirmationen verändern können?«

Ich glaube, immer mehr lernen durch eigene Erfahrungen, Austausch mit anderen, Bücher oder Seminare, dass unsere Gedanken kreative Kräfte sind, die die Umstände und Ereignisse unseres Lebens erschaffen.

Des Öfteren unterhalte ich mich mit erfolgreichen Menschen und entnehme ihren Worten, dass sie sich der Ursachen ihres Erfolgs durchaus bewusst sind. Durch den Glauben an ihre eigene Kraft, ihre eigene positive Einstellung, haben sie den Samen in den fruchtbaren Boden gesetzt, der dann in voller Blüte aufgegangen ist. Niemand von ihnen sagt: »Das ist alles Zufall! Ich habe eben Glück gehabt in meinem Leben. Das hat mit meiner eigenen Einstellung gar nichts zu tun.«

Aber viele, die vom Pech verfolgt zu sein scheinen, sind der Ansicht, das habe mit ihnen und ihrer Einstellung überhaupt nichts zu tun. Woran liegt das? Es ist die Opferhaltung, in die sie sich begeben, wenn sie meinen, die Lebensumstände schaffen *sie* – nicht *sie* ihre Lebensumstände. Sie wissen noch nicht, dass sie ihr Leben bewusst ändern können, und zwar ab sofort, nicht erst ab morgen oder in den nächsten Jahren.

Jetzt ist der richtige Zeitpunkt – jetzt! Nichts in dieser Welt ist Zufall, sondern alles gehorcht dem Gesetz von Ursache und Wirkung. Wenn wir erst einmal das Prinzip verstanden haben, dann ist es uns auch möglich, Affirmationen in jedem Lebensbereich, der uns wichtig erscheint, einzusetzen.

Ich erinnere mich an eine Situation, wo mir das Leben etwas ganz Besonderes zeigen wollte. Bevor ich mit meiner

Seminartätigkeit begann, war ich lange Jahre über sehr erfolgreich in der Medienbranche. Plötzlich verlor ich den langjährigen Exklusivauftrag, der meiner Mitarbeiterin und mir ein gutes Einkommen verschaffte. Durch den Wechsel des Geschäftsführers in dem Unternehmen, mit dem ich seit Jahren äußerst erfolgreich zusammenarbeitete, war plötzlich nichts mehr so, wie es vorher war. Verträge schienen nicht mehr zu existieren, und Mobbing zeichnete sich ab.

Ich spürte, über kurz oder lang war Veränderung angesagt. Was mich selber betraf, so war ich weniger besorgt, doch ich benötigte diesen Auftrag damals, um meine Mitarbeiterin zu beschäftigen. Und genau darüber machte ich mir Gedanken.

Als mir klar wurde, dass ich mich dem nicht mehr länger aussetzen wollte, entschied ich intuitiv: Ab sofort arbeite ich wieder mit Affirmationen. Jeden Morgen nahm ich mir eine Viertelstunde Zeit und schrieb auf, was sich möglichst umgehend in meinem Leben ändern sollte.

Bereits beim Schreiben geschah etwas Wunderschönes: Ich spürte, wie sich mit jeder Affirmation mein Vertrauen mehr und mehr aufbaute! Ich wusste, mit jedem Wort, das ich schrieb, gestaltete ich bereits mein Leben neu. Waren meine Gedanken vorher von Sorgen besetzt, freute ich mich jetzt auf einen beruflichen Neuanfang. Durch meinen Glauben und mein Vertrauen schuf ich den idealen Nährboden, um die Affirmationen wirken und damit das Samenkorn wachsen zu lassen.

Glaubt bitte nicht, dass schon am nächsten Tag ein neuer Auftrag kam. Nein, das war nicht der Fall. Aber durch mein gutes Gefühl und die tiefe Freude änderte sich schlagartig meine Einstellung zu der Situation.

Dadurch erhielt ich so viel Auftrieb, dass ich später sogar für eine ganz neue Aufgabe in meinem Leben offen und bereit war – meine Seminartätigkeit! Und damit war es mir möglich, noch weitere Mitarbeiter einzustellen. Ohne dieses Mobbing hätte ich mich sicher schwerer getan, meinen Einsatz für die Medienbranche zu reduzieren. Im Nachhinein kann ich mich nur bei dem neuen Geschäftsführer bedanken, dass er, zwar unbewusst, so viel Gutes für mich getan hat, zumindest sehe ich es heute so.

Die beste Zeit, um mit Affirmationen zu arbeiten, ist morgens kurz nach dem Aufstehen oder abends kurz vor dem Schlafengehen, wenn der bewusste Verstand noch nicht oder nicht mehr auf Hochtouren läuft. Dann ist das Unterbewusstsein besonders leicht ansprechbar, es ist jetzt äußerst sensibilisiert und empfänglich. Gedanken und Gefühle, die wir vor dem Einschlafen haben, werden direkt an unser Unterbewusstsein weitergeleitet, und es reagiert unmittelbar auf unseren Wunsch oder unsere Bitte.

Wie wir wissen, ist es ja unser Verstand, der analysiert und abwägt und uns auch schon mal ein Schnippchen schlägt, wenn er uns das gegenteilige Gefühl vermittelt: »Hey, was soll das! Du sagst oder schreibst: Ich bin dankbar, dass alle meine Finanzen im Plus bleiben? Ich zahle alle Kosten und Rechnungen aus meinem finanziellen Überfluss? Guck dir doch mal deinen Kontostand an, wie der momentan aussieht! Wie schwer hast du es gehabt, die letzte Rechnung zu begleichen? Mach dir bloß nichts vor!«

Genau darin liegt die Gefahr, dass wir uns wieder in das Gefühl des Mangels begeben, den unfruchtbaren Boden für den fruchtbaren Samen nehmen. Lasst uns den Verstand überlisten! Er darf ruhig mal abschalten – er hat tagsüber einen guten Job geleistet. Jetzt, wenn er nicht mehr aktiv ist, ist die Zeit des Unterbewusstseins gekommen. Nutzen wir diese Zeit doch produktiv – für uns!

Je intensiver wir eine Formel durch wiederholtes Denken oder Aufschreiben bekräftigen, desto mehr Gedankenenergie geben wir in die Erfüllung des Wunsches hinein. Doch je krampfhafter wir versuchen, einen negativen Gedanken *nicht* zu denken, desto intensiver erscheint er als Bild. Zu dem Thema bitte ich die Teilnehmer in meinen Seminaren, sich jetzt mal *keinen* grün-weiß-gestreiften Regenwurm mit blauem Hütchen vorzustellen. Das klappt nicht, denn bevor sie sich diesen Regenwurm *nicht* vorstellen, ist das Bild bereits da. Dann erst erreicht uns der rationale Gedanke der Verneinung.

Dazu brachte ein Teilnehmer ein nettes Beispiel: »Nach dem Seminar kam ich nach Hause und wurde sehnlichst von meiner kleinen Tochter erwartet. Sie rannte auf mich zu, als ich ihr zurief: Nun gib Papa mal *kein* Küsschen! Was glaubt ihr, wie schnell das Küsschen da war!«

Eine weitere Teilnehmerin berichtete, sie hätte im Sommer sehr mit Hautallergien zu tun und kaum Freude an den Urlauben, die sie meistens mit ihrer Familie in Dänemark oder Schweden verbrachte.

»Schon Wochen vorher hatte ich mit Inbrunst die Affirmation geschrieben: ›Ich bin dankbar, dass mich keine Blinden Fliegen, Mücken oder andere Insekten stechen‹. Was meint ihr, wie zerstochen ich nach Hause kam!«

Das war auch ein gutes Beispiel. Was wurde im Unterbewusstsein gespeichert? Genau das, was sie *nicht* wollte! Sie hätte besser schreiben sollen: ›Ich bin dankbar für meine gesunde und heile Haut. Meine Haut ist der Spiegel meiner Seele. Seelische Harmonie durchströmt und schützt meinen gesamten Körper und lässt meine Haut gesund und heil sein.‹

Das Unterbewusstsein kann mit Verneinungen nichts anfangen!

Genaue Ergebnisse erzielen wir nur durch genaue Anweisungen, ansonsten bekommen wir eine Menge Dinge präsentiert und können nur hoffen, dass das Richtige dabei ist. Das zeigt auch der folgende Fall. Eine Studentin besuchte mein Seminar. Sie arbeitete bereits seit längerer Zeit mit Affirmationen.

»Ich weiß gar nicht«, klagte sie, »warum meine nicht wirken. Ich bin schon zweimal durch das Examen gerasselt. Dabei schreibe ich doch immer, dass ich gut bin.«

Als ich sie dann auf den genauen Wortlaut ansprach, antwortete sie: »Meine Affirmation heißt: ›Ich bin dankbar, dass ich eine so gute Studentin bin.‹«

In ihren Worten war zwar keine Verneinung enthalten, doch unwissentlich hatte sie damit ihrem Unterbewusstsein den Auftrag gegeben, den Status der Studentin zu festigen und zu behalten. Der Auftrag wurde ausgeführt, indem sie ihre Prüfungen nicht schaffte. Sie blieb Studentin! Richtig wäre der Satz gewesen: ›Ich bin dankbar, dass ich alle Examen auf Anhieb und mit Leichtigkeit schaffe.‹ Obendrein hätte sie dazu noch die Abschlussnoten mit angeben können.

Affirmationen sollten immer in der Gegenwartsform benutzt werden, um zu wirken. Das Unterbewusstsein kann mit dem Auftrag: ›Ich werde gesund‹ oder ›Ich möchte gesund werden‹ nichts anfangen. Es muss heißen: ›Ich bin gesund‹, auch wenn das noch gar nicht der Fall ist. Es werden nur solche Aufträge verwirklicht, die in der Gegenwart formuliert sind.

Das mag vielleicht ein wenig selbstherrlich klingen, und so mancher denkt: ›Das ist mir viel zu überzogen – das bin ich ja gar nicht!‹ Nein, *noch* nicht, denn wir müssen uns stets bewusst machen, dass diese Affirmationen nicht für unseren Verstand, sondern nur für unser Unterbewusstsein bestimmt sind, das kritiklos alles annimmt.

Selbstwertgefühl

Wie wir inzwischen wissen, wirkt jeder Gedanke wie ein Same, der in den fruchtbaren Boden sinkt, um sich zu entwickeln. Und so wenig, wie dieser Boden darüber entscheidet, ob die Saat nützlich ist oder nicht, entscheidet auch das Unterbewusstsein nicht darüber, welche Auswirkungen unsere Gedanken und Gefühle auf unser Leben haben. Jede Handlung, jedes Erlebnis, jede Begegnung, ja sogar jeder Geruch und Geschmack wird als positive oder negative Erfahrung mit dem entsprechenden Gefühl gespeichert.

So hängt das Gefühl unseres Selbstwertes auch davon ab, wie viele gute und nützliche beziehungsweise negative und destruktive Erfahrungen wir in unserem bisherigen Leben gemacht haben. Schon bevor wir auf die Welt kommen, fängt unser Unterbewusstsein an, jede Erfahrung, gleich welcher Art, wie ein Computer zu speichern.

Werden wir von Kindheit an von Eltern, Familie oder auch Lehrern in unserem eigenen Tun und unserer Entwicklung bestärkt, so entwickelt sich auf Dauer ein gesundes Lebens- und Selbstwertgefühl.

Hören wir häufig lobende und bestärkende Worte, entfaltet sich unser Selbstvertrauen immer mehr. Dankbar spüren wir das Vertrauen und die Achtung der anderen. Ihr Zutrauen zu uns baut uns auf. Auch wenn wir uns selbst manchmal ganz anders empfinden, kann es sein, dass wir mehr und mehr in das Bild hineinwachsen, das der andere als unser wahres Selbst bereits sieht.

Das Gegenteil jedoch geschieht, wenn einem Kind nichts zugetraut oder alles abgenommen wird, wenn es ständig hört: »Komm, lass Mama das mal machen! Das ist zu schwer für dich! Das schaffst du nicht!«

Manchmal mag so ein Schutz ja ganz sinnvoll sein, wenn aber ein Kind dauernd vor allem bewahrt und in Watte gepackt wird, kann es später vor vielen Herausforderungen Angst haben und diese als Bedrohung statt als Wachstumschance für sein Leben ansehen. Angst ist Glaube in negativer Form.

Insbesondere in der Kindheit werden die Aussagen der Erwachsenen kritiklos angenommen und für wahr gehalten. Auch hier speichert das Unterbewusstsein jedes Gefühl, jedes Wort, egal ob es von uns selbst oder von anderen kommt. Erst später entwickelt sich dann die eigene Meinung und Kritikfähigkeit.

Wird ein Kind zum Beispiel immer wieder ermahnt: »Nun sei doch mal ruhig!« – »Du redest erst, wenn du gefragt wirst!«, oder »Halt dich zurück!«, darf man sich nicht wundern, wenn diese Programmierungen der Kindheit im Erwachsenenalter ihre Wirkung zeigen. Häufig erlebe ich in meinen Seminaren, dass Teilnehmer zu mir kommen und über ihre Blockaden oder Redehemmungen sprechen. Durch diese oft in der Kindheit gehörten Gebote ist ihr freies Reden vor anderen Menschen beeinträchtigt. Es sind mit Tiefenwirkung gespeicherte Programme, deren Ursache uns rational nicht bewusst ist.

Wenn wir gefordert werden und diesem Druck nicht standhalten können, macht sich in uns das Gefühl des Versagens breit, nach dem Motto: »Bloß nicht noch mal!« Durch jede neue negative Erfahrung nimmt unser Selbstwertgefühl weiter ab. Andererseits gibt es aber in unserem Unterbewusstsein das Lust-Unlust-Prinzip: ›Alles tun, was uns Lust verschafft, alles vermeiden, was wir nicht gern tun‹. Dieses Programm hat Vorrang und schiebt uns mit aller Kraft dahin, *das* zu tun, was wir mit Lust und Freude gespeichert haben, unabhängig davon, ob es in dieser Situation sinnvoll ist.

Jetzt mögt ihr sagen: »Na, Klasse! Das ist doch super! Da wollen wir doch hin! Wenn wir etwas gern tun, ist das doch schon die halbe Miete!«

Richtig! Das Gefühl der Freude ist für das Gelingen eines guten und konstruktiven Plans von großem Nutzen, aber schauen wir uns auch mal die andere Seite an.

Jeder Mensch trägt Verantwortung im Leben, in erster Linie für sich selbst, dann für seine Familie. Geht ein Ehemann und Vater zum Beispiel gern seinen Hobbys nach, so ist das sicherlich gut und stellt einen Ausgleich für ihn dar. Wenn er jedoch mehr seinen Hobbys frönt, als Mitverantwortung für die Familie, das Zusammenleben und das Einkommen zu tragen, sind Unverständnis, Ärger und Konflikte vorprogrammiert. Jeder versteht sicher, dass so etwas auf Dauer nicht gut gehen kann.

Es ist jedoch nicht die Aufgabe unseres Unterbewusstseins, darüber zu entscheiden, ob es diese Schubkraft für eine nützliche oder weniger nützliche Aufgabe einsetzt. Hauptsache, es macht Spaß! Ganz gleich, ob irgendetwas anderes notwendiger wäre!

Wenn wir uns die Kraft des Lust-Unlust-Prinzips deutlich machen, stellen wir fest, dass unser Unterbewusstsein keinerlei Entscheidungen trifft. Es hat lediglich die Aufgabe, dem gespeicherten Gefühl entsprechend zu handeln, und wird uns deshalb immer wieder in die Richtung führen, genau das zu tun, was wir gern und mit Freude machen, auch wenn die Erfüllung unserer Verpflichtungen im Moment viel wichtiger wäre.

Für eine Entscheidung ist jedoch nur der Verstand zuständig. Und wenn das Programm ›Verstand gegen Unterbewusstsein‹ läuft, zieht der Verstand meistens den Kürzeren, weil unser Unterbewusstsein die größere Schubkraft besitzt und unser innerer Schweinehund uns ein gutes Gefühl vorgaukelt.

Okay, kommen wir mal zurück auf das Thema ›Selbstbewusstsein‹ und auf unsere Kindheit, wo wir kaum Möglichkeiten hatten, uns gegen ungewollte Programmierungen zu schützen. Sind wir in einem Umfeld aufgewachsen, in dem uns die Freiheit gewährt wurde, auch mal Fehler machen zu dürfen und daraus zu lernen, wird so manche negative Erfahrung in der Zwischenzeit überlagert. Das heißt, aus einem verhaltensbestimmenden *negativen* Programm kann durch neue gute Erfahrungen ein verhaltensbestimmendes *positives* Programm entstehen. Dazu muss diese wertvolle Erfahrung sowohl in der Quantität als auch in der Qualität die Höhe des entstandenen Negativpegels überlagern.

Wie kommen wir nun zu diesen neuen guten Erfahrungen? Inzwischen wissen wir, dass wir unser Unterbewusstsein ›austricksen‹ können. Wir müssen dann nur noch programmieren, *was* wir wollen! Dann können wir ihm eine Situation als erfüllt – mit viel Freude, vielleicht sogar mit tiefer Begeisterung – eingeben. Unser Unterbewusstsein nimmt diesen Auftrag an und setzt alle Hebel in Bewegung, Menschen und Ereignisse heranzuziehen, die diese Erfüllung positiv beeinflussen und auslösen. Jetzt zeigt sich die Wirkung des Unterbewusstseins: Es vermittelt uns das gute und sichere Gefühl, in Richtung Erfolg geschoben zu werden, selbst wenn die Realität vorher ganz anders aussah.

Jeder von uns hat seine Vorlieben und Abneigungen, seine Stärken und Schwächen. Die Stärken brauchen uns hier nicht zu interessieren, die möchten wir ja behalten, doch was können wir tun, um die Schwächen abzustellen? Zuerst einmal sollten wir überhaupt für möglich halten, eine Veränderung in unserem Leben durch das Wissen um die geistigen Gesetze vornehmen zu können. Vertrauen wir dieser Kraft, dann gelingt es uns immer mehr, viele unserer Unzulänglichkeiten mit Freude zu verbessern.

Auch ich habe gelernt, all den negativen Programmen aus meiner Kindheit die Wirkung zu nehmen, indem ich nach meinem ersten Seminar als Teilnehmerin das Prinzip erkannt und angefangen hatte, täglich mit Affirmationen zu arbeiten. Erst danach konnte eine grundlegende Änderung erfolgen. Ich machte mir bewusst, wo es in meinem Leben hakte, und entwickelte dann eine Affirmation, welche die Lösung beinhaltete.

Jede Affirmation bedeutet, eine neue Ursache für eine neue Wirkung zu setzen. Unser Unterbewusstsein kann nicht unterscheiden zwischen einem fiktiven Bild, das wir ihm eingeben, und einem wirklichen Ereignis. Es nimmt dieses Bild als Auftrag an und beginnt damit, gute Gedanken und gute

Gefühle zu produzieren, als ob die Vorstellung bereits Realität wäre. Nein, nicht, als ob es so wäre, sondern es *ist* so! Es ist *geistige* Realität, die erst einmal geschaffen werden muss, um später Wirklichkeit werden zu können!

Nichts in unserem Unterbewusstsein kann gelöscht werden, es kann nur überlagert werden. Das heißt, sobald der Stand des Pluspegels den des Minuspegels auch nur um ein Quäntchen überlagert, ändert unser Unterbewusstsein seine Richtung. Es beginnt nun, uns dorthin zu schieben, wo die meisten Speicherungen erfolgt sind.

Wie stark beispielsweise unser Selbstwertgefühl ist, können wir an folgender Darstellung erkennen: Wir erhalten eine Absage, sei es im Hinblick auf eine Beziehung oder auch auf eine Arbeitsstelle. Wir sind enttäuscht. Je wichtiger uns die Erfüllung dieses Wunsches erscheint, desto stärker spüren wir das Gefühl der Enttäuschung. In dem Moment hadern wir mit unserem Selbstwertgefühl, und es kommt nicht selten das bittere Gefühl hinzu: »Keiner will mich!«

Wir sollten versuchen, einen Sinn in dem Geschehen zu sehen. Vielleicht werden wir später erkennen, dass es genau diese Absage war, die uns zu unserem Glück verholfen hat. Das Leben erteilt keine Absagen, vielmehr will das Höhere Selbst uns etwas klarmachen: »Weil diese private oder geschäftliche Beziehung nicht zu deinem Wachsen und Reifen beiträgt, brauchst du sie auch nicht zu durchlaufen, so attraktiv das auch im Moment für dich erscheinen mag. Du hast andere Möglichkeiten zu zeigen, wer du bist. Darum wartet eine bessere Chance auf dich!«

Wie schön wäre es, wenn unser Selbstwertgefühl von positiven oder negativen Ereignissen unberührt bliebe! Wie schön wäre es, wenn wir sagen könnten: Egal, was kommt – ICH BIN ICH! Alles hat seinen Sinn!

Das klingt gut, nicht? Wir sind Menschen, darum dürfen wir auch Schwächen haben. Wir wissen alle, dass die sogenannte Realität oft anders aussieht. Bei dem geringsten Ärger regen wir uns auf. In dem Moment des Zorns werden Knöpfe gedrückt, die den anderen verletzen.

In Bedrängnissituationen reagieren wir ja meistens nur. Es braucht nur einer den roten Alarmknopf unserer Seele zu drücken, schon glauben wir, wir seien zu klein, zu dick oder zu dumm. Ist unser Selbstwertgefühl tatsächlich von außen bestimmbar? Ist es tatsächlich abhängig vom Verhalten anderer Menschen? Wenn wir uns wie zwei Kampfhähne gegenüberstehen, können wir uns immer noch entscheiden, den anderen wütend herauszufordern oder unseren Fokus blitzschnell auf Harmonie umzulegen; vielleicht sogar den Kampf abzubrechen mit der lockeren Bemerkung: »Mensch, sind wir heute wieder in Fahrt …!«

Die Lösung liegt in der Freiheit, unsere Gedanken wählen zu können – und das ist die größte Macht überhaupt! Wenn wir das bloß mal einsähen! Lasst uns doch einfach einen besseren Gedanken wählen!

Mit wachsender innerer Gelassenheit strahlen wir zusehends mehr Kraft auf andere aus. Wir sind dann wie ein Fels in der Brandung. Haben wir dieses Selbstwertgefühl verinnerlicht, so erreichen wir auch mehr Harmonie in unseren Beziehungen. Alle Tätigkeiten gehen mit Liebe und heiterer Gelassenheit wie von selbst, alles funktioniert dann, wie es soll. Ein ruhiges, fröhliches Bewusstsein bringt uns weiter, als wenn wir uns über alles aufregen.

Bei vielen hängt jedoch das Selbstwertgefühl von ihrer Leistung ab. Sie arbeiten zu viel, weil nur die Arbeit ihrem Leben Sinn gibt – weil sie sich ohne Arbeit, Erfolg und Anerkennung unnütz und überflüssig vorkommen.

Wir müssen nichts beweisen. Wir sind wertvoll und liebenswert, und zwar als Menschen und nicht als Arbeitstiere. Wir dürfen uns auch vom Leben beschenken lassen. Wir müssen nicht nur kämpfen!

Wenn wirklich mal alles schiefgeht, unser Partner ungenießbar ist und wir uns wieder mal für alles, was verkehrt gelaufen ist, verantwortlich fühlen, ist unser Selbstwertgefühl absolut im Keller. Dann sollten wir uns die Frage stellen, wie wir besser mit Kritik umgehen. Nicht nur Vorgesetzte, auch Kollegen, verstehen sich darauf, unser Selbstbewusstsein anzugraben. Es geschieht immer wieder.

Diejenigen, die schon früh in ihrer Kindheit und Jugend genug Lob bekommen, können später meist auch souveräner mit Kritik umgehen, denn sie haben rechtzeitig ein dementsprechendes Selbstbewusstsein entwickelt. Wem aber ein Stück dieser Ich-Stärke fehlt, der sollte mit dem Prinzip der aufbauenden Affirmationen arbeiten, die am Schluss dieses Kapitels aufgeführt sind, zum Beispiel mit der Coué-Formel: »Mit jedem Tag geht es mir in jeder Hinsicht besser und besser.«

Unser Unterbewusstsein nimmt diese Formeln als geistige Realität an und stärkt unsere Persönlichkeit mit immer mehr Selbstsicherheit und heiterer Gelassenheit, damit wir in der Lage sind, ein klares ›JA‹ und ein klares ›NEIN‹ sagen und leben zu können. Oft genug fällt uns das schwer. Was hält uns davor zurück? Haben wir Angst, an Achtung und

Zuneigung zu verlieren? Fürchten wir, dass uns der andere weniger schätzt, wenn wir seine Bitte ablehnen? Gelten wir bei anderen dadurch nicht mehr als liebenswert?

Mit halbherzigen Zusagen, die uns eigentlich gar nicht in den Plan passen, entscheiden wir selbst immer weniger, was *wir* wollen. Immer häufiger sind wir unzufrieden mit uns selbst, leiden dadurch vielleicht unter Stress und verlieren dabei ein Stück unserer Selbstachtung. Zu einem positiven Selbstwertgefühl gehört, dass wir unsere Entscheidungen selber treffen, sie umsetzen und auch wertschätzen. Wir sollten uns selbst treu bleiben und nicht nach den Werten anderer leben.

Und was denken unsere Mitmenschen dann von uns, wenn wir uns plötzlich so verhalten? Viele von ihnen werden bald feststellen, dass wir uns verändert haben, glücklicher und selbstbewusster geworden sind. Sie werden uns dafür schätzen. Die anderen, die sich vielleicht dadurch verletzt fühlen, werden auf Dauer mit unserer direkten Art nichts mehr anzufangen wissen und uns nicht mehr um etwas bitten, was wir nicht gern tun.

So mancher ›Freund‹ wird dann vielleicht auch unser Blickfeld verlassen. Doch das darf er auch, dem geistigen Gesetz entsprechend: Gleiches zieht Gleiches an – Ungleiches stößt einander ab. Unser Selbstwertgefühl wird in dem Maße steigen, wie wir mit uns selbst in Einklang sind. Wir als Menschen überzeugen, nicht unsere Argumente.

In meinen Einzeltherapiestunden habe ich sehr gern mit einem Spiegel gearbeitet. Es ist ein wunderschönes Gefühl, wenn wir unsere Affirmationen mal vor einem Spiegel aufsagen. Sicher mag das zu Anfang etwas gewöhnungsbedürftig sein, weil wir geneigt sind, nach dem ›Unkrautprinzip‹ vorzugehen. Kennt ihr das Unkrautprinzip? Ich ja! Wenn ich in meinen wunderschön blühenden Garten gehe, dann sucht mein Blick als Erstes das sogenannte Unkraut, obwohl es dieses in der Natur ja gar nicht gibt. Nur unsere Einstellung macht es dazu.

Ich sehe also nicht zuerst die vielen zauberhaften Blüten, sondern suche das, was diese Pracht stören könnte. Und dann, wenn ich alles gefunden und entfernt habe, bin ich abends so kaputt, dass ich nicht mehr in der Lage bin, mich an meinem wunderschönen Garten zu erfreuen.

Und so ist es auch meistens, wenn wir in einen Spiegel schauen. Wohin geht unser Blick? Was passt nicht? Wo ist etwas nicht in Ordnung? Haben wir wieder eine Falte mehr entdeckt? Eine Rundung zu viel? Unsere eigenen Muster haben uns dorthin getrieben, Fehler an uns zu entdecken, die ein anderer vielleicht gar nicht wahrnimmt. Das Gefühl von Unvollkommenheit entsteht erst wieder durch den Vergleich.

Sehe ich mich dagegen mit einem Gefühl von Liebe im Spiegel an und nicht mit dem Gefühl von Unvollkommenheit, dann entdecke ich mich als von Gott so gewollter Mensch. Lasst uns doch mal versuchen, ein neues inneres und äußeres Bild von unserer Persönlichkeit zu erschaffen! Stellen wir uns doch mal wieder vor den Spiegel und zählen all das auf, was wir an uns gut finden!

Unsere Persönlichkeit altert nicht – unsere Seele reift durch unsere Erfahrungen. Egal, wie viel gelebte Falten wir haben, wir sind reifer geworden durch das Leben. Warum soll ich das nicht zeigen? Wer hindert mich daran? Doch nur ich selbst, auch durch den Jugendwahn der Medien! In Amerika ist es kaum noch möglich, ältere weibliche Charakterrollen zu besetzen, weil viele Schauspielerinnen erstaunlicherweise einfach nicht mehr altern. Ob das an dem Klima liegt?

Es ist doch unsere Ausstrahlung, die uns jung hält, selbst im hohen Alter! Wie schön ist das Gefühl, dass andere sich gern in unserer Nähe aufhalten, egal, wie jung oder alt wir sind!

So, und jetzt machen wir es einfach mal: Wir stellen uns vor den Spiegel, schauen uns liebevoll in die Augen und sagen uns all die kraftvollen und starken Affirmationen, die auf der nächsten Seite stehen:

Affirmationen Selbstwertgefühl

Ich bin wertvoll. Mein Weg ist wichtig.

Ich bin stark und strahle Selbstachtung, inneren Frieden,
Liebe, Glück, Wohlbefinden und Harmonie aus.

Ich bin dankbar für mein gutes und starkes
Selbstwertgefühl, das Liebe für mich und für
andere ausdrückt.

Ich liebe und akzeptiere mich, so wie ich bin.

Ich habe jederzeit die Kraft,
alle mir gestellten Aufgaben zu meistern.

Ich bin dankbar, dass ich ab sofort
mein eigenes Selbst lebe.

Ich bin dankbar, dass es mir von Tag zu Tag besser gelingt,
meine Talente zum Wohle aller zu leben.

Ich bin dankbar, dass ich stets unter Gottes Schutz stehe.

Ich achte und schätze meine Kreativität
und meine guten Ideen.

Ich folge stets meinem Herzen, das voller Liebe ist.

Ich vertraue darauf, dass alles im Leben
zu meinem Wohl geschieht und dass mich alles,
was ich erlebe, fördern will.

Partnerschaft und Beziehungen

Viele Kämpfe und Probleme in der Partnerschaft sind eigentlich Ausdruck ungelöster Elternbeziehungen. Bleiben uns diese Zusammenhänge jedoch verborgen, werden wir die Schwierigkeiten endlos wiederholen beziehungsweise sie nur sehr langsam überwinden können. Sind wir jedoch bereit, mit den Eltern Frieden zu schließen, sei es, dass sie noch leben oder nicht mehr auf dieser Erde weilen, so schließen wir auch Frieden mit dem inneren Kind in uns. Solange wir ihnen etwas vorwerfen, befinden wir uns in der Opferrolle. Wenn wir begreifen, dass es gar nichts vorzuwerfen gibt, dass unsere Eltern entgegen unseren Erwartungen auch nur das getan haben, was sie in ihrer damaligen Situation konnten, zieht Frieden in unser Herz ein.

Immer wieder sind wir in der Erwartungshaltung gefangen. Wir erwarten von unserem Partner, dass er Verständnis aufbringen soll für uns, aber bringen wir denn Verständnis auf für ihn? Zuerst soll der andere mal anfangen, dann wir! Damit wir möglichst nicht verletzt werden, wenn der andere unsere Liebe nicht erwidern sollte!

Wie geht das? Das kann so wenig funktionieren wie ein kalter Ofen. Ich habe bereits in einem meiner anderen Bücher über das Ofenprinzip geschrieben, finde es aber so wichtig, dass ich es hier gern in Kürze noch einmal erwähnen möchte. Also, was hat ein kalter Ofen mit Liebe zu tun?

Sehr viel sogar. Ich kann nicht sagen: »Komm, Ofen, wärme mich!«, wenn ich nichts hineinstecke. Das begreift jeder. Ich muss immer erst etwas investieren, bevor ich etwas zurückbekomme. Das ist ein Lebensgesetz.

Oftmals gehen Partner eine Verbindung ein mit dem Gedanken, was einer dem anderen für Vorteile bringen kann. Beziehungen können immer wieder daran scheitern, dass wir uns mehr dafür interessieren, was der Partner uns alles geben kann. Immer wenn wir mehr bekommen möchten, als wir zu geben bereit sind, werden wir Probleme in unserer Beziehung haben. Baue ich eine Erwartungshaltung auf, der auf Dauer niemand vollständig entsprechen kann, entsteht Frust.

Machen wir uns aber Gedanken, was wir alles für unseren Partner tun können, entsteht Harmonie. Liebe vermehrt sich, wenn wir sie verschenken. Wenn wir lieben, heißt das, vom anderen nicht zu erwarten, dass er unsere Liebe erwidert. Das ist eine Liebe, die weder bedingt noch fordert. Der Gedanke: ›Tust du etwas für mich, dann tue ich auch etwas für dich‹, enthält Bedingungen. Und wenn sie dann nicht erfüllt werden, reagieren wir mit Enttäuschung, Ärger oder sogar Wut.

Vertrauen zum Leben zu haben, zu unserem Lebensplan, zur Schöpfung – das macht stark! Wenn ich nichts erwarte und dankbar annehme, welche Chancen das Zusammenleben birgt, wie kann ich dann enttäuscht sein?

*Ich bin auf der Welt, um zu lieben, und nicht,
um geliebt zu werden.*

Was bedeuten diese Worte? Sie lösen bei meinen Teilnehmern ganz unterschiedliche Reaktionen aus. Einige meinen, das wäre ja sehr einfach, damit würden die anderen geradewegs dazu aufgefordert, einen auszunutzen.

Andere wiederum halten dagegen, wenn wir den Inhalt und die Aussage unter dem Gesichtspunkt des Kausalitätsgesetzes betrachteten, dem Gesetz von Ursache und Wirkung, dann würde klar, dass diese Worte die Lösung aller Probleme darstellten.

Gibt es in diesem Zusammenhang überhaupt richtig oder falsch? Ich glaube, wir als ganzheitliche Persönlichkeit können diesen Satz sehr wohl annehmen, aber nicht unser dickes, fettes Ego! Es ist schlichtweg beleidigt! »Was? *Ich* soll nur geben und nichts zurückbekommen? Wo kommen wir denn dahin? Ich mache mich doch lächerlich, wenn ich nur gebe. Wo bleibt denn da mein Selbstwertgefühl?«

Ich möchte hier mal meinem eigenen Ego antworten, das diese Gedanken nur zu gut kennt. »Liebes Ego, wenn du nur gibst, was geschieht denn dann? Du setzt neue Ursachen dafür, dass dir nach dem Gesetz des Säens und Erntens reicher Ertrag zufällt, manchmal sogar, wenn du gar nicht damit rechnest. Säen kann ich, was immer ich will, aber ernten muss ich, was ich gesät habe. Nach dem Wachstumsprinzip, dass aus einem Samenkorn Milliarden weiterer entstehen, bekommst du weit mehr zurück, als du in den Boden eingebracht hast. Und wenn dein Herz voller Liebe ist, wie kannst du dich lächerlich machen? *Da* kommen wir hin! Besonders gern möchte ich die Frage nach deinem Selbstwertgefühl beantworten: Von Saat zu Saat wird es stärker, weil du dich unabhängig machst von den Reaktionen anderer! Im Säen bist du frei – im Ernten bist du unfrei! Du entscheidest dich für das Saatgut der Liebe und wirst Liebe ernten, wo immer du bist!«

Unser Ego ist eines der größten Hindernisse auf unserem Weg zur Liebe.

›Geliebt zu werden, macht stark, selbst zu lieben, macht mutig‹, sagt Lao-Tse. Und wenn wir Mut haben, sind wir bereits stark und werden noch stärker durch die Liebe des anderen. Verhalten wir uns dementsprechend und erwarten nichts vom anderen, dann locken wir auch das Beste im anderen hervor, wieder nach dem Prinzip: Gleiches zieht Gleiches an. Und langsam, aber sicher stellt sich auch in einer Partnerschaft wieder Harmonie ein.

Fast alle Menschen, die ich kenne, wünschen sich eine gut funktionierende und liebevolle Partnerschaft. Ich selbst habe lange Zeit mit meinen kleinen Kindern allein gelebt und mir immer wieder einen Partner gewünscht. Wie die Leser meiner anderen Bücher wissen, habe auch ich auf diverse Anzeigen reagiert und im Internet gestöbert.

Einerseits war mein Wunsch nach einem Partner sehr stark, andererseits aber spürte ich tief im Unbewussten Angst vor eventuellen Verletzungen. Vielleicht war dieses schützende Programm noch wirksamer, als ich glaubte, und musste erst einmal wieder neutralisiert werden, ehe mein Herzenswunsch erfüllt werden konnte.

Doch dann geschah es. Ich lernte ihn kennen, und für beide war es eine wunderbare und tiefe Begegnung. Unsere Seelen erkannten einander sofort. Und nur so ist es beiden von uns möglich, in Frieden und Harmonie unsere Aufgabe zu erfüllen und ein liebevolles Miteinander zu leben. Wo immer er kann, hilft er mir – und ich ihm. Unsere Erwartungshaltung haben wir beide zurückgeschraubt. Und das ist gut so. In meinem Buch ›... *aus einem kleinen Samenkorn*‹ habe ich über die gemeinsamen Erlebnisse der ersten vier Jahre unserer Beziehung berichtet.

Oftmals erlebe ich jedoch auf meinen Seminaren Menschen, die verzweifelt sind, weil Störungen in ihrer Beziehung sie völlig aus dem Gleichgewicht gebracht haben. Auch Eifersucht spielt hierbei eine große Rolle.

Warum ist denn eine neue Bekanntschaft für manchen Ehemann so prickelnd? Weil er sich darüber die Bestätigung erhofft, die er vielleicht von uns schon lange nicht mehr erhalten hat, die er jedoch genau wie wir lebensnotwendig braucht.

Lasst uns unseren Partner mal wieder loben. Es mag sein, dass er anfangs sogar darüber erschrickt!

Wenn wir aufhören, unserem Partner Vorwürfe zu machen, und wieder anfangen, ihm zu zeigen, dass wir gern mit ihm zusammenleben, bekommt er von uns die Anerkennung, die er vielleicht momentan woanders sucht. In dem Maße, wie wir dem anderen zu verstehen geben, dass wir das eine oder andere Merkmal an ihm einfach wunderbar finden, nimmt auch die Eifersucht bei uns ab. Damit legen wir den Schalter um von verletzten Gefühlen bei uns auf anerkennende Worte für den Partner.

Erfolgt dann trotzdem eine Trennung, und wir sind darüber sehr traurig, dann darf das auch so sein. Traurigkeit, die wir verdrängen, schwächt nur unser Immunsystem. Beispielsweise kann ein Rückenleiden ohne Weiteres die Folge solch unterdrückter Gefühle sein. Wir sollten uns jedoch nicht zu lange an diesem Gefühl festhalten. Ablenkung wird uns dabei helfen, neue Perspektiven zu erkennen und den Schalter wieder umzulegen auf Lebensfreude, auf die schönen Dinge im Leben.

Ich höre schon, wie jetzt jemand sagt oder denkt: »Soll ich mich jetzt freuen, dass mein geliebter Partner mit einer anderen abgehauen ist?«

Nein, das ist damit nicht gemeint. Wir sollten uns an die guten Zeiten mit unserem Partner zurückerinnern, ihn in Würde loslassen und ihm dadurch zeigen, dass wir ihn wirklich lieben oder geliebt haben und es nur unser verletztes Ego ist, das ihn zurückhaben will. Lieben heißt loslassen, Gutes für den anderen wollen.

»Das bin *ich* doch für ihn!«, höre ich dann manchmal. Doch wenn der andere es genau so sähe, wäre er nicht gegangen. Erst wenn wir ihm wirklich von Herzen das Beste wünschen können, kann nach dem Gesetz des Ausgleichs das Beste auch wieder für uns geschehen.

Wenn ich in meinen Seminaren meinen Teilnehmern dieses Prinzip ans Herz gelegt habe, ist daraus oftmals schon sehr viel Positives entstanden, manchmal sogar wieder ein Neuanfang. Zumindest fordert dieses Loslassen ohne Vorwurf und in Würde dem Partner sehr viel Achtung ab.

In dem Zusammenhang fällt mir folgende Situation ein: Auf einem meiner Seminare verliebten sich zwei Menschen ineinander, die beide in einer festen Beziehung lebten. Beide hatten den Mut, zu ihrer neuen Beziehung zu stehen, und informierten kurz darauf ihre Partner über die neue Lage. Nach vielem Hin und Her, das ich verständlicherweise hier nicht beleuchten möchte, da auch Kinder im Spiel waren, trennten sich die Partner in Klarheit voneinander, und die beiden Verliebten zogen zusammen. Soweit in kurzen Worten, sachlich beschrieben, eine Situation, die immer mal wieder vorkommt und eigentlich nicht besonders erwähnenswert wäre.

Das Besondere daran jedoch war, dass sich die Frau des Teilnehmers, der sich neu verliebt hatte, einige Zeit später bei mir zu einem Seminar anmeldete. Das an sich war schon bemerkenswert, denn wenn wir verletzt sind, versuchen wir doch alles zu meiden, was an die Verletzung erinnert – so ein Seminar zum Beispiel als ›Tatort‹.

Nicht so diese wunderbare Frau. Sie kam zu mir – und ich lernte eine außergewöhnliche Persönlichkeit kennen, die ihren Mann zwar nicht kampflos, aber in Würde losgelassen hatte. Noch bemerkenswerter war, dass sie zudem noch verständnisvolle Worte für ihre Nachfolgerin fand. Mit keinem Wort griff sie diese an, sondern meinte sogar noch anerkennend, sie selbst hätte es wahrscheinlich nicht geschafft, einen so abrupten Wohnungswechsel von Stadt zu Stadt vorzunehmen, um sich auf diese neue Beziehung einzulassen. Hier ist gelebte Vergebung und tiefes Verständnis füreinander geschehen. Das meine ich, wenn ich über Würde spreche.

Über eine nette Episode ganz anderer Art möchte ich hier auch gern erzählen. In einem meiner Seminare visualisieren wir unseren Herzenswunsch. Eine Teilnehmerin erzählte mir, ihr größter Wunsch sei ein Partner, der optimal zu ihr passe. Ich riet ihr, sich ihren Herzenspartner in der folgenden Meditation in völliger Entspannung auszumalen. Genauso, wie sie sich ihn erträumte, sollte sie sich ihren Wunsch mit Freude im Herzen als erfüllt vorstellen.

Nach der Meditation strahlte sie: »Gila, das war fantastisch! Ich habe ihn ganz deutlich gesehen, und mein Herz war so voller Liebe.«

Einen Tag, nachdem das Seminar beendet war, setzte sie einen ganz liebevollen und dankbaren Beitrag in das Gästebuch auf unserer Internetseite. Grundsätzlich veröffentlichen wir dabei keine E-Mail-Adressen, sondern nur die Vornamen und gegebenenfalls die Stadt, wenn derjenige diese Angaben selber machen möchte. Ab und zu wird auch mal der Familienname vom Absender angegeben.

Zwei Tage nach ihrem Eintrag erhielten wir eine E-Mail von einem Leser meiner Bücher. Er bezog sich auf diesen Eintrag in unserem Gästebuch, der ihn sehr berührt hatte. Er wohnte in der gleichen Stadt wie sie und fragte ganz vorsichtig an, ob wir seine E-Mail-Adresse an die Teilnehmerin weiterleiten könnten, um miteinander in Kontakt zu treten.

Das haben wir gern getan – und heute sind die beiden miteinander verheiratet ...

Ich könnte dieses Ereignis jetzt einfach so stehen lassen, weil es für sich spricht, aber ich möchte trotzdem mal unter dem energetischen Aspekt beleuchten, was hier geschehen ist. Die Aura meiner Teilnehmerin war mit der Energie ihres Herzenswunsches völlig angefüllt. Wie ein Magnet zog sie mit dieser Schwingung nun auf der geistigen Ebene verstärkt Gleiches an.

Durch ihre Worte im Gästebuch berührt und energetisch angezogen wagte daraufhin ein Mann einfach mal den Versuch, ohne zu wissen, wer sich dahinter verbarg, welches Alter, welches Aussehen – und landete einen Volltreffer!

Nicht das Äußere hatte den Kontakt zwischen den beiden herbeigeführt, sondern die Schwingung ihrer liebevollen, dankbaren Worte. Wenn wir uns nach einer Liebe sehnen, die das ganze Leben lang halten soll, dann sollten wir nicht nur auf Äußerlichkeiten sehen, sondern hinter das äußere Erscheinungsbild schauen.

Gegenseitige Achtung und gemeinsame Ziele sind das Fundament einer haltbaren und liebevollen Beziehung. Es bilden sich *Über-Zeugungen*, wie das Wort schon sagt! Durch eine neue Zeugung entsteht eine neue Erkenntnis. Wir wissen alle, äußere Schönheit ist vergänglich, sie verblasst von Tag zu Tag mehr, aber innere Schönheit wird von Tag zu Tag stärker.

Inzwischen haben wir durch einige Beispiele erfahren, wie unser Unterbewusstsein arbeitet. Es nimmt uns beim Wort. Wichtiger als das Wort ist jedoch das Gefühl, das wir bei jedem Gedanken haben. Obwohl wir das Beste für uns wollen, spielt unser Gefühl uns oft einen Streich. Wenn wir beispielsweise nur darüber reden, wie sehr man uns wieder hintergangen hat oder wir ausgenutzt worden sind, speichert unser Unterbewusstsein: Wir sind Verlierer. Wir suchen zwar dringend eine Lösung für unsere Situation, aber durch das Opfergefühl wird die Verliererrolle programmiert, und dementsprechend wird der Auftrag ausgeführt.

Gern möchte ich auch hier das Beispiel anführen, über das ich in einem anderen Zusammenhang bereits in einem meiner Bücher berichtet habe: Schauen wir uns mal einen Produktionsbetrieb an. Jede Firma hat in der Regel einen Geschäftsführer, der verantwortlich ist für die Auftragslage, Finanzen, Verwaltungs- und Bürotätigkeiten. Genau diese Aufgabe hat unser Verstand in Bezug auf unser Leben.

Dann gibt es noch den Produktionsleiter, der die Verantwortung trägt für die Abteilung, in der die Erzeugnisse dieser Firma produziert werden – und diese Aufgabe übernimmt unser Unterbewusstsein.

Der Geschäftsführer hat eine gänzlich andere Funktion als der Produktionsleiter. Beide gewährleisten jedoch durch eine harmonische Zusammenarbeit einen erfolgreichen Ablauf der Produktion vom Angebot zur Auftragsannahme bis hin zur Ausführung, dem Versand der Waren und letztendlich auch dem Zahlungseingang. Damit schließt sich der Kreis.

Und jetzt wird es interessant: In unserem Unterbewusstsein – der Produktionsabteilung – sitzt die entscheidende Schubkraft, die uns handeln lässt. Wie gelingt es uns nun, diese Schubkraft *für* und nicht *gegen* das konstruktive Lebensprinzip einzusetzen?

Wenn wir zum Beispiel unserem Partner für unsere Lebensumstände die Schuld geben, dann verlassen wir die Position der Verantwortung und begeben uns in die Opferrolle. Sprechen wir immer wieder darüber, wie furchtbar unsere Partnerschaft ist, was uns alles fehlt in dieser Beziehung, richten sich unser Fokus und unser Gefühl nur auf die Unvollständigkeit.

Folgender Wortlaut geht dabei als Aufforderung an die Produktionsabteilung, unser Unterbewusstsein: »Aha, Gefühl Opferrolle ist gespeichert. Chef will Opfer sein – also für korrekte Ausführung dieses Kommandos sorgen! Alle Hebel in Bewegung setzen und Chef Opfer sein lassen! Menschen und Ereignisse anziehen, die dafür sorgen, dass Chef weiterhin Opfer bleibt.«

Oder wir klagen, dass wir uns über unseren Partner geärgert haben und uns dabei sehr hilflos fühlen. Damit geben wir den Auftrag, dass wir uns nicht in der Lage sehen, diese Situation durch eigene Initiative zu bewältigen. Also, wiederum sofort der Befehl an die Produktionsabteilung: »Chef will Ärger haben! Chef will hilflos sein! Also los! Geben wir ihm Ärger, geben wir ihm Hilflosigkeit! Auftrag ausführen!«

Das hört sich jetzt vielleicht so an, als ob unser Unterbewusstsein uns schaden möchte. Weit gefehlt – es führt nur kritiklos den Befehl aus, den es durch Gedanken, Gefühle oder Worte von unserem Verstand, vom Chef des Ganzen, erhält.

Das Fazit heißt also: Wir sollten unsere Gedanken und Worte bewusst wahrnehmen, überprüfen und dementsprechend verändern. »Wo bleibt denn da die Spontaneität?«, ruft es von innen. Ich weiß, das klingt sehr nach Zensur, hat aber mehr mit positiver Entwicklung unseres Bewusstseins zu tun.

Auch ich erlaube mir ab und zu mal, ein wenig ›unheilig‹ zu sein. Und wenn ich mich ärgern möchte, dann ärgere ich mich eben! Moment mal, wie war das gerade? Wer ärgert denn wen? Ja, richtig: Ich ärgere mich! Niemand anders trifft diese Entscheidung, nur ich selbst! Und wenn ich meine

Wahl getroffen habe, heißt das, ich übernehme auch bewusst die Verantwortung für die Folgen.

Nun könnte man sagen: »Schau mal an, die Gila schreibt ein weiteres Buch über positive Affirmationen und gibt zu, dass sie sich ärgert!«

Ja, dazu stehe ich! Es kann nicht darum gehen, dass man sich nie ärgert oder nie traurig ist, sondern nur darum, welcher Zustand überwiegt. Wenn ich ein überwiegend positiver Mensch bin – und das bin ich –, dann kann mir gelegentlicher Ärger gar nichts anhaben. Ich bin immer noch Mensch. Auch ich darf Fehler machen und mir ab und zu mal Luft verschaffen, allerdings ohne einen anderen dadurch zu schädigen. Und dafür übernehme ich dann auch gern die Verantwortung.

Je mehr wir aufhören, unsere Lebensumstände mit denen anderer zu vergleichen, desto mehr Zufriedenheit tritt in unser Leben. Jeder ist einzigartig. Jeder wird den Partner anziehen, der zu ihm passt.

Ich denke gerade an einen jungen Mann, der zu mir ins Seminar kam. Er wirkte sehr sympathisch, hatte jedoch eine ganz andere Meinung von sich selbst.

»Kaum eine Beziehung hält bei mir länger als drei Monate«, sagte er verzweifelt. »Dabei ist mein größter Herzenswunsch, eine liebevolle Partnerschaft zu haben.«

Ich spürte, dass dieser Mann einerseits zwar den starken Wunsch nach einer passenden Partnerin hatte, andererseits jedoch in einen Fehler verfiel, der uns allen sehr vertraut ist: Er setzte seinen Fokus auf das Mangelbewusstsein, indem er mir Punkt für Punkt aufzählte, was alles *nicht* funktionierte und was bei ihm seiner Meinung nach alles *nicht* in Ordnung war.

»Willst du Liebe finden – oder willst du Fehler finden? Beides geht nicht«, meinte ich und machte ihm klar, dass genau diese Gedanken sein Handicap ausmachten. Seine gesamte Schwingung war auf Mangel ausgerichtet, vor allem, was die Meinung über seine eigene Persönlichkeit betraf. Hinter diesen Mustern der Destruktivität erkannte ich jedoch seine wunderschöne Seele. Er schien der Liebe geradezu nachzujagen, dem Gefühl, dass ihn jemand liebte.

»Und wann bist du bereit zu lieben?«, fragte ich ihn.

Verdutzt schaute er mich an: »Ja, wenn ich weiß, dass ich geliebt werde, fällt es mir auch leicht zu lieben.«

Da ist es wieder – das Ofenprinzip! Erst soll man mich lieben, dann bin ich bereit, auch etwas einzubringen!

Probleme entstehen, weil keiner zuerst geben möchte, erst soll der andere geben! Energie muss fließen, sonst bildet sich ein Stau, also ist Druck vorprogrammiert. Liebe ist allzu oft mit Bedingungen verknüpft. Wir erwarten geradezu, dass der andere den ersten Schritt macht. So ungefähr, als wenn ich sagte: Ich werde erst ein Buch schreiben, wenn ich sicher bin, dass meine Leser es auch lesen möchten.

Zuerst sollten wir uns selbst lieben und uns nicht abhängig machen von der Zuneigung oder Liebe unseres Partners, uns selbst Mut machen und uns nicht mit anderen vergleichen! Wir sollten nicht versuchen, in unseren Partnern nach einer Erfüllung zu suchen, die es dort vielleicht gar nicht gibt. Auch ich habe gelernt: Die Fülle ist inmitten des eigenen Herzens. Und wenn wir das erkennen und annehmen können, ändert sich auch unsere gesamte Ausstrahlung.

Ich erklärte dem jungen Mann liebevoll, dass er seinen Fokus umlegen müsse. Das hieße, die Ganzheit in sich selbst zu entdecken, seine Gedanken auf seine wunderbaren Eigenschaften zu richten und nicht dauernd auf die Mängel zu schauen. Dann zöge er durch seine liebevolle Ausstrahlung und seine innere Fülle nach dem Gesetz der Resonanz diejenige an, die zu ihm passe. Nur wer nichts erhoffe oder erwarte, bei dem sei harmonische Partnerschaft und Fließen von Energie möglich.

Zum Schluss stellte ich die Frage: »Wie können wir Liebe in unser Leben bringen, wenn wir dauernd daran denken oder darüber reden, wie einsam wir doch sind – wie gut es anderen doch geht – wie sehr wir sie um ihre liebevolle Partnerschaft beneiden? Vielleicht sogar mit einem Gefühl von Missgunst?«

Schon vorher habe ich dieses Thema kurz berührt. Darum kommt uns der folgende Satz des ›Produktionsleiters‹ sicher bekannt vor: »Hey, Kollegen! Gefühl Missgunst ist angesagt – Chef will Missgunst – gesamte Produktionsaktivitäten darauf ausrichten! Bitte Auftrag ausführen! Das, was Chef anderen nicht gönnt, kann er selbst nicht haben!«

Es geschieht wieder genau das, was wir *nicht* wollen – wir wollen doch gar keine Beziehungen, die unbefriedigend sind, in denen Gefühlskälte herrscht oder Abhängigkeiten entstehen.

Die Liebe dagegen ist ganz anders geartet. Sie sucht nicht die Erfüllung für uns selbst, sondern wünscht sich das Beste für uns und den anderen. Sie ist eine zarte, sanfte Empfindung, sie ergreift uns nicht, sie berührt uns. Liebe spüren wir im Herzen. Liebe bedeutet, das Gemeinsame zu suchen und nicht das Trennende – Freiraum und Freiheit zu genießen, sie dem anderen ebenso zu gewähren.

Nehmen wir uns als Gottes perfekte Geschöpfe an – nicht als perfekte Model-Kopien. Lieben wir uns so, wie wir sind, dann erledigen sich erstaunlicherweise auch die meisten Spannungen in einer Partnerschaft wie von selbst.

Wenn uns ein liebevoller Partner an unserer Seite fehlt, dann lasst uns mit entsprechenden Affirmationen im Voraus dafür danken, dass er in unser Leben tritt. Dieser Partner wird dann durch unser gutes Gefühl mit diesen Affirmationen magnetisch angezogen. So wie ein Stück Eisen das Zwölffache seines Eigengewichtes anzieht, wenn es magnetisiert ist, so zieht es in unmagnetisiertem Zustand nicht mal eine Feder an.

Das heißt: Ein Mensch, der seine Aura mit Wünschen anfüllt und bereits vertrauensvoll für die Erfüllung dankt, gibt dadurch seinem Unterbewusstsein den Auftrag: »Danke für den wundervollen Partner!« Und indem es den passenden Menschen anzieht, wird jetzt alles getan, dass der Wunsch ausgeführt wird. Durch unsere Wunschenergie, die wir durch unsere Gedanken in unsere Aura geben, machen wir uns magnetisch!

Plötzlich erkennen wir, dass unser Unterbewusstsein uns durch unser neues Denken mit Vehemenz in die Richtung schiebt, die es uns vorher verwehrt hat. Vielleicht hat es uns bisher erfolgreich davon abgehalten, mal auszugehen und neue Bekanntschaften zu knüpfen. Voller Freude und Staunen spüren wir auf einmal, dass wir jetzt einfach wieder Lust auf neue Begegnungen haben und nun auf Menschen und Situationen ganz anders reagieren, als wir es bisher getan haben.

Wir sind ausgeglichener, weil wir von neuem Liebe in uns empfinden, und beginnen, wieder etwas Gutes für uns zu tun, mehr Süße in unser Leben einzubauen. Oft lässt dann auch schlagartig das Bedürfnis nach Süßigkeiten nach, weil dieses Verlangen in vielen Fällen zeigt, dass die Seele Süßes im Leben braucht. Manchen fehlt vielleicht das süße Gefühl des Verliebtseins. Dieses Gefühl sollten wir aber nicht mit Liebe gleichsetzen. Wie ein Baum nicht immer nur blühen kann, sondern sich aus den Blüten Früchte entwickeln, entsteht Liebe erst aus dem Verliebtsein.

Die folgenden Affirmationen können uns helfen, einen Partner zu finden oder auch für den Lebenspartner zu danken, der bereits an unserer Seite ist. Sucht man jedoch eine Partnerin, so sollte dort auch unbedingt ›Partnerin‹ stehen, um alle Eventualitäten zu vermeiden:

Affirmationen Partnerschaft und Beziehungen

Ich bin dankbar für meinen optimalen Lebenspartner,
der geistig, seelisch, physisch und in seiner gesamten
Lebenseinstellung vollkommen zu mir passt.

Zwischen dem Partner, der für mein Leben bestimmt ist,
und mir herrschen Liebe, Frieden und Harmonie,
Verständnis und Vertrauen.

Zwischen meinem optimalen Lebenspartner und mir besteht
eine wunderbare liebevolle und dauerhafte Partnerschaft.
Unsere vertrauensvolle Beziehung ist getragen von
Zärtlichkeit, von Liebe und Achtung füreinander.

Tiefe Liebe zu mir selbst, zu meinem Partner,
und zu allen anderen Menschen strömt jetzt in mich ein.

Ich vertraue darauf, dass mein Partner zu einem optimalen
Zeitpunkt und in richtiger Weise in mein Leben tritt.

Wir erkennen einander sofort
durch eine tiefe Berührung unserer Seelen.

Ich strahle nur Gutes aus,
deshalb kann nur Gutes auf mich einströmen.

Ich bin jetzt bereit für meinen optimalen Lebenspartner.
Deshalb erfüllt sich mein Wunsch so bald wie möglich.

Erfolg und Reichtum

Was heißt eigentlich Erfolg? Es erfolgt eine Wirkung auf das, was ich verursache. Das heißt, wir müssen den Erfolg erst einmal geistig für möglich halten, bevor er in unser Leben treten kann. Unsere Zukunft entspringt unserem jetzigen Denken. Also sind Erfolg und Reichtum das Ergebnis unserer eigenen Bewusstseinshaltung.

Oftmals ist jedoch das unbewusste Programm in uns angelegt, Glück und Erfolg gar nicht verdient zu haben. Dann ist es notwendig, den Fokus zu verändern und zu begreifen, dass wir es wirklich und wahrhaftig wert sind, Gutes im Leben zu erfahren. Erfolg kann also nur entstehen, wenn wir uns selbst für wertvoll genug halten, diese Qualität auch anzunehmen, damit unser Leben auch in jeder Hinsicht erfolgreich verlaufen kann.

Dazu sollten wir mal überprüfen, welche negativen Glaubensmuster in Form von lockeren Sprüchen sich bei uns verankert haben. Ich möchte hier ganz kurz mal beleuchten, was für ein Unsinn, wirklich *Un-Sinn*, in manchen Sätzen liegt: ›Geld macht nicht glücklich‹ – oder: ›Wir haben kein Geld!‹ oder: ›Wir können uns das einfach nicht leisten!‹ Obwohl hier eine Verneinung vorliegt, ist das Gefühl immer wichtiger als das Wort, und so speichert das Unterbewusstsein ganz klar ein Gefühl des Mangels.

Kann es sein, dass genau diese Floskeln, die man ständig auf den Lippen hat, uns bisher davon abgehalten haben, wirklich erfolgreich zu sein? Wie soll die Produktionsmannschaft unseres Unterbewusstseins diese Qualitäten überhaupt in unser Leben bringen, wenn auf dem Auftrag des Geschäftsführers steht: »Chef hat das Gefühl, Erfolg nicht zu verdienen – also für Misserfolge sorgen!« Das Paradoxe daran ist, dass der Chef den Misserfolg bewusst überhaupt nicht haben will!

Vielleicht lächeln wir über diese lockere Aussage, aber so etwas geschieht viel öfter, als wir glauben! Einerseits wollen wir ja alles richtig machen, haben aber andererseits durch überwiegend negative Programmierungen das gegenteilige Gefühl verinnerlicht.

Vielleicht waren wir bisher auch aus dem Grund nicht erfolgreich, weil wir unsere Fähigkeit der Visualisierung falsch angewandt haben. Wollen wir ein harmonisches Verhältnis zwischen Einkommen und Auskommen haben, dann sollten wir unseren Fokus wieder auf Wohlstand, Vertrauen zur Göttlichen Versorgung, Liebe und Harmonie richten.

»Na, ob das wohl gut geht?« Wenn wir diese Worte denken oder sagen, ist der Misserfolg schon vorprogrammiert, denn jetzt tauchen Zweifel auf. Sind wir dagegen ganz fest von etwas überzeugt, dann muss der Satz heißen: »Es klappt! Hervorragend! Ich bin so dankbar, dass es gelingt!« Unsere Gedanken, unsere Worte und unsere Gefühle sind wichtig – nicht die gegenwärtigen Tatsachen, zum Beispiel, dass sich im Moment noch gar nichts in Richtung Erfolg abzeichnet.

Der Verstand stellt Tatsachen fest, der Glaube aber erschafft sie! Es ist nicht unser Verstand, der unseren Erfolg ausmacht, es sind unsere Intuitionen, unser Gespür, unser Unterbewusstsein, das angefüllt ist mit positiven, erfolgreichen Programmierungen. Unser Verstand hat nicht den Erfahrungsschatz des Unterbewusstseins, er akzeptiert nur das, was er sieht, was beleg- und beweisbar ist. Unser Unterbewusstsein hingegen verfügt über unzählige abgespeicherte Erfahrungen und Informationen, die über den Verstand nicht abrufbar sind.

Mit den vier folgenden Garanten ist unser Erfolg jederzeit vorprogrammiert:

*positive Gedanken – positive Worte
positiver Glaube – positive Gefühle.*

Denn nur wenn wir erfolgsorientiert denken, wird Erfolg in unser Leben treten. Wir wissen inzwischen: Die Qualität unserer Gedanken ist verantwortlich für die Qualität der Ereignisse in unserem Leben. Was immer wir denken, tritt auch ein. Wenn wir dieses Prinzip wirklich begreifen und auch annehmen, dann kann doch nur die Folge sein, unseren Fokus auf ein gutes, schönes und liebevolles Leben zu richten – und damit Erfolg zu haben, in allem, was wir tun.

Lasst uns nicht mehr über Mangel, Armut, Misserfolg, Zweifel oder Ängste reden, sondern über das, was für jeden Menschen Erfolg ausmacht: Gesundheit, Vertrauen, Liebe, Glück und Reichtum. Niemand hat das Recht, uns unsere Träume zu nehmen! Es ist unser Leben, es sind unsere Träume, nicht die der anderen!

Vor Kurzem bekam ich eine kleine Geschichte zugesandt, die mich sehr beeindruckt hat. Es ging um eine Gruppe von

Fröschen, die einen Wettlauf machen wollten. Ihr Ziel war es, die Spitze eines hohen Turmes zu erreichen. Viele Zuschauer hatten sich bereits versammelt, um sie anzufeuern. Das Rennen konnte beginnen …

Von den Zuschauern glaubte niemand so recht daran, dass es möglich wäre, dass die Frösche diesen hohen Gipfel überhaupt erreichen konnten. Überall hörte man: »Ach, wie anstrengend!!! Ihr werdet NIE ankommen!« oder: »Das könnt ihr gar nicht schaffen, der Turm ist viel zu hoch!«

Die Frösche hörten diese Worte und begannen bald, an ihrem Vorhaben zu zweifeln, außer einem, der unbeirrt weiterkletterte. Und wieder riefen die Leute, das wäre doch viel zu anstrengend! Das könnte doch niemand schaffen!

Immer mehr Frösche verließ die Kraft, und sie gaben auf. Aber der eine kletterte höher und höher. Am Ende hatten alle schlappgemacht, bis auf diesen einen, der als Einziger den Gipfel des Turmes erreichte!

Jetzt wollten die anderen Mitstreiter natürlich wissen, wie er das denn schaffen konnte! Fassungslos fragten sie ihn, wie es ihm gelungen war, diese große Leistung zu erbringen und bis ans Ziel zu kommen.

Es stellte sich heraus: Der Gewinner war TAUB!!!

Und die Moral von der Geschichte: Lasst uns immer an diesen Frosch und die Macht der Worte denken, denn alles, was wir hören und lesen, beeinflusst uns in unserem Tun!

Wir sollten die Schwerhörigkeitsmethode anwenden, wenn uns jemand sagt, dass wir unsere Träume nicht realisieren können, denn wir können alles schaffen, was wir wollen! Wichtig dabei ist nur, dass es zum Wohle aller ist!

Wahrer Reichtum ist geistiger Reichtum. Alles entsteht zuerst im Geist und manifestiert sich dann erst in der Realität. Mit einem starken Selbstwertgefühl tun wir uns leichter, uns auf diese Qualitäten einzulassen.

Jeder Mensch hat alles Glück der Welt verdient. Jeder sollte sich bewusst sein, dass er liebenswert ist, ohne viel im Leben leisten zu müssen. Anerkennung durch Leistung heißt doch bei vielen das Programm, das wir bereits in unserer Kindheit und Jugend unbewusst angenommen haben.

Jeder hat das Recht auf unbeschwerte Lebensfreude und darf das Leben genießen. Wir sind allerdings selber für unser Leben, also auch unser Glück und unseren Erfolg, verantwortlich. Lasst uns also nicht sagen: »Ich möchte erfolgreich sein«, sondern:

»Ich bin erfolgreich in allem, was ich tue!«

Unser Unterbewusstsein nimmt uns beim Wort und führt uns nach diesem klaren Auftrag oder sogar Befehl genau dorthin, wo wir hin wollen, nämlich von Erfolg zu Erfolg.

Lasst uns den Erfolg leben, so intensiv wie nur möglich! Wir sind es wert! Das heißt nicht, dass nur derjenige glücklich ist, der immer genügend Geld zur Verfügung hat. Er mag in dieser Hinsicht sicher zufriedener sein. Doch ich glaube, jeder von uns kennt genügend Menschen, die trotz Statussymbolen, Ansehen und Karriere nicht in ihrer inneren Mitte sind, ja, vielleicht sogar getrieben und gehetzt durchs Leben jagen.

Wo bleiben da die Bedürfnisse unserer Seele? Ist es bei einer solchen Einstellung dann verwunderlich, dass die Seele sich als Ausgleich für ihre Defizite körperliche Symptome nimmt, um auf sich aufmerksam zu machen?

Nehmen wir mal ein Ehepaar, das seit langen Jahren zusammenlebt. Wenn beide auch nach Jahrzehnten immer mal wieder bereit sind, das Schöne im anderen zu beleuchten und dafür zu danken, dann wächst die Liebe zum Partner weiter. Frieden, Harmonie und Fröhlichkeit herrschen in dieser Beziehung. Nach dem gleichen Prinzip wachsen jedoch Unfriede, Zank und Stagnation, wenn diese Schwerpunkte beim anderen herausgekitzelt werden.

Wenn wir lernen, das Gute in uns anzunehmen, dann wird automatisch alles, was der Liebe nicht gleicht, zum Stillstand gebracht oder sogar ganz verkümmern. Und alles, was keine Energie mehr erhält, kann nicht mehr wachsen.

Jeder bekommt vom Leben nur das, was er verursacht. Wir können uns jeden Moment entscheiden: Kritisiere ich den anderen – oder richte ich meinen Fokus auf das Schöne und zolle ihm Anerkennung? Wir können uns *für*, aber auch *gegen* das Göttliche Lebensprinzip entscheiden. Wir haben die Wahl! Die Wirkung meiner Handlung entspricht auch hier wieder genau der Ursache. Wenn ich meinem Partner also Liebe und Zuwendung gebe, werden diese Qualitäten wieder in mein eigenes Leben einfließen!

Leben ist fließende, wirksame Energie. Leben heißt lieben, Liebe heilt alles, schreibe ich so gern als Widmung in meine Bücher. Wird ein Aspekt dieser fließenden Energie nicht zugelassen, entsteht ein Stau – auf der einen Seite Druck, auf der anderen Seite Mangel. Das Leben lehrt uns durch seine Botschaften, Liebe zu leben. Indem wir uns selbst finden, meistern wir auch das Leben.

In meinen Wochenendkursen spreche ich manchmal über die Formel für Erfolg. Ja, es gibt sie. Sie heißt:

Q-Q-B.

Was bedeuten diese Buchstaben? Nun, ganz einfach: Das erste ›Q‹ steht für Qualität, also qualitativer handeln als erwartet – das zweite ›Q‹, wir ahnen es schon, weil sich die beiden Worte ähnlen, heißt Quantität, also mehr tun als erwartet – und wofür steht der letzte Buchstabe, das ›B‹? Er steht für Begeisterung. Lasst uns also mit viel guter Energie und Begeisterung handeln und dadurch wie ein Magnet all das anziehen, was für unser Leben wichtig ist.

In meinen Selbsterfahrungsseminaren ›erfüllen‹ wir Herzenswünsche, nicht in Form von materiellen Geschenken, sondern von geistiger Unterstützung bei deren Visualisierung.

Oftmals wird dabei der Wunsch geäußert: »Ich spiele im Lotto – und mein Herzenswunsch ist eine Million. Die würde mich glücklich machen!«

Geld und Gegenstände werden nicht automatisch unsere Bedürfnisse stillen oder uns zu den Gefühlen verhelfen, die dieser Wunsch erfüllen soll. Vorher sollten wir uns fragen, welche innere Qualität wir mit den äußeren Dingen erreichen möchten. Wenn wir dann entdecken, dass innerer Frieden uns zu finanzieller Sicherheit führen könnte, dann sollten wir zuerst Affirmationen für diese Qualität kreieren, die uns dann magnetisch macht für inneren und äußeren Reichtum.

Welche Eigenschaft auch immer wir durch finanzielle Fülle in unserem Leben erlangen möchten, wie Selbstachtung oder Frieden, wir sollten als Erstes diese Qualitäten beleuchten und affirmieren. Wünschen wir uns beispielsweise eine Million, so kann dieses Geld zwar diverse Löcher stopfen, aber nicht die Quelle darstellen, aus der immer wieder Erfolg und Reichtum nachfließen. Diese Quelle können wir nur in uns selbst finden.

Wir werden Dinge anziehen, die wir uns bewusst vorgestellt haben, und wir werden Dinge bekommen, noch bevor wir merken, dass wir sie brauchen, weil auch sie unserer inneren Schwingung entsprechen.

Gern sehe ich mit meiner Familie ab und zu mal eine der Fernsehsendungen an, in der man durch gutes Allgemeinwissen Geld gewinnen kann. Manche Fragen und Antworten sind nicht nur interessant, sondern wir freuen uns auch alle mit, wenn die Kandidaten gewinnen.

So war es auch an einem Abend, als sich ein Kandidat von Frage zu Frage an die Million herantastete – und gewann! Wir ließen uns natürlich alle mitreißen von der Freude, die deutlich spürbar war.

Einige Monate später wurde dieser Gewinner interviewt, was er mit seinem Geld gemacht habe – und wie er sich jetzt fühle. Er sagte ganz klar, nach der anfänglichen Euphorie habe sich alles wieder beruhigt, und er fühle sich jetzt genauso wie vorher. »Sind Sie jetzt nicht glücklicher?«, wurde er gefragt.

»Nicht unbedingt«, war seine ehrliche Antwort, »denn jetzt habe ich ganz andere Sorgen.«

Sicherlich hatten sich mit dem Gewinn kurzfristig alle

finanziellen Probleme erledigt. Doch auch andere Untersuchungen zeigen: Jeder Lottogewinner ist nach ungefähr sechs Monaten genauso glücklich oder unglücklich wie zuvor. Und so mancher hat nach einiger Zeit alles wieder ausgegeben. Wie kommt das?

Die Antwort kann sein: Der Gewinn passt nicht in unsere Bewusstseinshaltung. Wir haben ihn nicht *ver-dien*t! Wir haben nicht die kreativen Kräfte freigesetzt, um ein gutes Leben in Wohlstand führen zu können. Verdienen wir genug eigenes Geld, so haben wir uns mit dem Verdienst identifiziert, wissen und spüren, dass wir stark genug und es auch wert sind, ein gutes Einkommen zu haben.

Kein Empfangen ohne Geben – keine Ernte ohne Saat! Das Gesetz der Fülle kann nur in dem Maße wirken, wie wir selber zum Kanal werden, durch den sich die Fülle manifestiert. Wir dürfen dankbar sein für unsere Talente und Gaben. Alles, was wir zum Glücklichsein brauchen, liegt in uns selbst!

Erfolg und Wohlstand sind also eine Folge der richtigen Gedanken und Handlungen, die durch Wiederholungen zu verhaltensbestimmenden Programmen werden.

Als ich mit drei meiner vier Kinder allein nach meiner zweiten Auswanderung nach Deutschland zurückkehrte, hatte ich außer meinem Wissen um die geistigen Gesetze kaum noch etwas an Vermögen. Alles hatte ich in den Yukon Territories, im hohen Norden von Kanada, zurückgelassen. Ich erhielt keinen Unterhalt für meine Kinder, doch das war für mich keine Bedrohung, sondern eine Herausforderung. Durch meine Einstellung wusste ich: Wenn das Leben mir so eine Situation zutraut, dann habe ich auch die Kraft, diese zu meistern.

Und genauso war es: Ich hatte zwar nicht viel Geld in der Tasche, keine Wohnung, keinen Job, kein Auto, aber ich selber war mir Kapital genug. Ich war mir innerlich sicher, dass es nur an mir lag, jetzt zu beweisen, was ich als wahr erkannt hatte:

Reichtum entwickelt sich von innen nach außen.

So suchte ich für mich und meine Kinder eine passende Wohnung, die ich mit dem bisschen vorhandenen Geld und den Möbeln, die aus Kanada zurückkamen, einrichtete.

Durch meine täglichen Affirmationen bekam ich nach kurzer Zeit einen Impuls, mich auf eine Zeitungsanzeige zu bewerben, in der ein Münchner Verlag für den Außendienst einen Repräsentanten suchte. Hier bestand die Gelegenheit, tagsüber im Umkreis von ungefähr 100 Kilometern meines Heimatortes Hotels aufzusuchen und ihnen die Möglichkeit der Insertion in einem bekannten Autoatlas anzubieten. Genau diese Arbeitszeit sprach mich an, nachdem ich jahrelang für die Versicherungsbranche bis in die Abendstunden unterwegs war. Ohne Partner mit kleinen Kindern war das nun kaum mehr möglich. Tagsüber konnte ich eher jemanden für die Kinderbetreuung finden.

Zwei Wochen später wurde ich zu einem Gesprächstermin eingeladen. Zu dem Zeitpunkt ahnte ich noch nicht, dass sich 21 weitere Aspiranten auf diese Anzeige beworben hatten, obwohl nur eine Position neu zu besetzen war.

So war ich denn mehr als überrascht, als sich zu dem Termin alle Bewerber gemeinsam einfanden, ich als einzige Frau. Erwartungsvoll saßen wir alle da, doch die beiden Geschäftsführer kamen erstaunlicherweise gar nicht zur Sache. Es war eigenartig. Sie erzählten zwar ein wenig über die Firmenphilosophie, kamen aber nicht auf den Punkt, wer diesen Job nun definitiv bekäme. Ein Einzelgespräch mit einer Entscheidung, die ich erwartet hatte, fand nicht statt.

Später wurden wir mit der Aussage verabschiedet, einer der beiden Geschäftsführer würde uns in den nächsten Tagen anrufen und uns dann mitteilen, für wen sich die Firma entschieden hätte. So verließ einer nach dem anderen den Raum – nur ich nicht.

»Kann ich Sie gleich mal allein sprechen?«, bat ich einen der beiden.

Er nickte, und als alle anderen gegangen waren, fragte er: »Ja, bitte?«

»Ich möchte diesen Job haben!«, sagte ich mit fester Stimme.

Er schaute mich an und antwortete lachend: »Sie bekommen ihn auch!«

Ich war derart perplex, dass ich im ersten Moment gar nichts erwidern konnte. Nachdem sich meine Überraschung dann etwas gelegt hatte, stellte sich im Gespräch heraus, dass die beiden Herren aus München gar nicht mit solch einer Vielzahl von Bewerbern gerechnet hatten. Ihre Erfahrung in anderen Städten hatte sie gelehrt, dass trotz vieler Anfragen bei einem gemeinsamen Termin zwei Wochen später meistens nur zwei bis drei Aspiranten übrig blieben. Dieses Mal war es jedoch anders. Einzelgespräche waren hier gar nicht möglich. So hatten sich die beiden mit dem Angebot, jeden von uns später anzurufen, aus der Affäre gezogen. Und dann kam ich.

»So, wie Sie sich jetzt verhalten haben«, fuhr der Geschäftsführer fort, »verhält sich ein erfolgreicher Mensch. Alle anderen haben sich mit unserem Vorschlag einverstanden erklärt und sind gegangen. Sie als Einzige haben uns um ein Gespräch gebeten. Und da sehe ich absolute Parallelen in Bezug auf Auftragsabschlüsse. Darum haben Sie den Job!«

Ich war einfach nur dankbar! Durch meine Affirmationen hatte mein Unterbewusstsein mich veranlasst, im richtigen Moment genau das Richtige zu tun – erfolgreich zu denken und demnach erfolgreich zu handeln! Und das war dann der Beginn einer äußerst erfolgreichen langen Zusammenarbeit!

Mit diesem wunderbaren Job, der mich finanziell wieder unabhängig machte, war ich ein Jahr später sogar mutig genug, ein Haus zu erwerben, ohne auch nur einen Cent Eigenkapital vorweisen zu können.

Wie ich in meinem Buch ›*Mutter Erde, trage mich*‹, berichtet habe, war ich damals der ›Traumkunde‹ aller Banken: allein erziehende Mutter von vier Kindern – ohne Unterhalt – selbstständig – ohne Eigenkapital – und das Haus sollte zu hundert Prozent finanziert werden!

Trotzdem hat die Finanzierung geklappt. Noch heute wohne ich in diesem wunderschönen Haus, doch meine Finanzen haben sich, wie affirmiert, inzwischen deutlich verbessert.

Eine Episode, die erst vor Kurzem passiert ist, hat mich wieder sehr beeindruckt. Mein Haus liegt inmitten eines Naturschutzgebietes. Direkt hinter meinem Haus befindet sich eine große Weide von ungefähr 8000 Quadratmetern, die ehemals zu diesem Gebäude gehört hatte und lange vor meiner Zeit verkauft worden war.

Als es mir nun durch meinen guten Job allmählich finanziell wieder besser ging, kam der Gedanke bei mir auf, diese Wiese zurückzuerwerben. Ich sprach mit den Besitzern, die noch einige weitere Ländereien besaßen, und machte ihnen ein Angebot. Es ging ihnen finanziell gut, und so zeigten sie verständlicherweise kein großes Interesse an einem Verkauf. Über mehr als ein Jahrzehnt hinweg brachte ich mein Anliegen immer wieder mal charmant in Erinnerung, aber jedes Mal erhielt ich eine genauso liebevolle Absage, was jedoch unser gutes nachbarschaftliches Verhältnis keineswegs trübte.

Doch die Frage kam auf: Warum verspürte ich seit Langem den starken Wunsch, dieses Stück Land zurückzukaufen? Und warum tat sich nichts in dieser Angelegenheit? Ich hatte mir dieses Grundstück doch so sehr gewünscht! Alles andere hatte geklappt – nur dieser Wunsch schien unerfüllt zu bleiben.

Und da kam ich auf die Lösung! Ich wusste inzwischen, dass die positive Wirkung von Affirmationen durch folgenden Grundsatz eingeschränkt wird: Ein zu starkes Wollen verhindert die Wunscherfüllung. Genauso schien es hier zu sein. Ich wollte unbedingt, meine Nachbarn dagegen nicht!

Als ich merkte, welchen Fehler ich begangen hatte, hörte ich sofort auf, mich und mein Leben unter Druck zu setzen, und verabschiedete meinen Wunsch mit den Worten: ›Ich bin dankbar für den optimalen Kauf zu einem optimalen Zeitpunkt zum Wohle aller Beteiligten.‹ Und wenn dieser optimale Zeitpunkt nie eintreten sollte, wäre es auch für mich in Ordnung gewesen. Dann hätte es auch nicht gepasst. Ich übergab den Wunsch an meine Engel. Damit war die Sache für mich erledigt.

Jahre später geschah es dann. Wir interessierten uns für die Anschaffung einer Wärmepumpe, die nach dem Prinzip der Erdwärmegewinnung funktioniert. Als uns der Vertreter dieser Anlage das schriftliche Angebot vorlegte, erklärte er uns, durch die Tiefenbohrung kämen enorme Kosten auf uns zu. Wir sahen die Zahlen und zögerten, bis er plötzlich fragte, wem denn die Wiese hinter unserem Haus gehörte. Sie wäre geradezu optimal für eine Flächenwärmegewinnung, die nur einen Bruchteil der Bohrkosten ausmachte.

Seit Jahren hatte ich nicht mehr an den Erwerb dieser Wiese gedacht. Wie ein Blitz durchfuhr mich der Gedanke: *Jetzt* ist der richtige Zeitpunkt – jetzt!

Einen Tag später ging ich mit dem schriftlichen Angebot der Wärmepumpe zu meinen überraschten Nachbarn und zeigte ihnen, was an Kosten auf mich zukäme und was ich sparte, wenn sie bereit wären, mir die Wiese zu verkaufen. Innerhalb einer Stunde hatte ich von beiden die Zusage.

Unendlich dankbar und glücklich ging ich nach Hause, dankbar vor allem meinen Nachbarn, weil sie sich so fair verhalten hatten. Als ich damals ihr Grundstück kaufen wollte, hatte ich mehr an meinen Vorteil gedacht. Ich hatte den Fehler bemerkt und ließ dann los. Dadurch konnte die aufgestaute Energie wieder fließen.

Viele Jahre später war dann die Zeit gekommen. Als meine Nachbarn spürten, welche immensen Belastungen ohne den Verkauf auf mich zukämen, haben sie mir ihre Einwilligung sofort gegeben. Im Gegensatz zu mir damals haben sie das Prinzip der Liebe offensichtlich besser verstanden.

Optimisten schauen nach vorn, stehen direkt wieder auf, wenn sie hingefallen sind, und versuchen, für jedes Problem eine Lösung zu finden, das heißt, sie denken lösungsorientiert und nicht problemorientiert. Ihr Fokus liegt auf der Zukunft, nicht auf der Vergangenheit. Sie lernen aus den eigenen Fehlern und planen durch ihre konstruktiven Gedanken genau, welchen Schritt sie als Nächstes gehen. So fühlen sie sich weniger als Spielball des Schicksals und leben glücklicher.

Der Volksmund sagt: Der Unterschied zwischen einem Pessimisten und einem Optimisten ist, dass der Pessimist bei jeder Gelegenheit eine Schwierigkeit sieht, der Optimist jedoch bei jeder Schwierigkeit eine Gelegenheit.

Glück und Erfolg bedeuten für jeden etwas anderes. Welche Menschen sind denn nun glücklich und erfolgreich? Erfolgreiche Menschen nehmen ihr Leben selbst in die Hand, sie wissen, dass sie durch ihre positive Einstellung ihre Lebensumstände selbst verursachen. Sie kennen die Balance zwischen Anspannung und Entspannung. Sie sind kreativ und interessiert an anderen Menschen. Sie wissen, dass die Fähigkeit zur Programmierung des Unterbewusstseins genauso erlernt werden kann wie das Bedienen eines Computers.

Wir müssen vor allem selbst wissen, was wir wollen. Wenn wir die Kraft erkennen, durch unsere Gedanken unsere Persönlichkeit zu formen, was hält uns dann davon ab, Harmonie und Erfolg in unser Leben zu bringen?

Mit jedem Gedanken schmieden wir selbst ein Stück mehr von unserem Leben. Darum sollten wir unser Denken liebevoll und konstruktiv für uns und für andere einsetzen.

*Sobald wir verstanden haben,
dass das Geheimnis des Glücks nicht im Besitzen liegt,
sondern im Geben, werden wir,
indem wir die Menschen um uns herum
glücklich machen,
selbst glücklich werden.*

André Gide

Erkennen wir die Leistung von anderen doch mal an! Das Leben wird dadurch leichter! Wir tun uns selbst Gutes, wenn wir uns mit ihnen über ihre Erfolge freuen oder ihnen ihren Besitz gönnen. Indem wir uns über ihr Glück mitfreuen, sind wir dabei, selber glückliche Menschen zu werden.

Durch die Freude über den Reichtum der anderen wird unser Unterbewusstsein aktiv. Über unser Gefühl erhält es den Auftrag: »Chef hat Glücksgefühle – Programm Glück ist angesagt! Alles tun, um Chef glücklich zu machen!« Da unser Unterbewusstsein nicht unterscheiden kann zwischen den eigenen Wünschen und dem, was wir anderen wünschen, speichert es das Gefühl der Freude und bringt Erfolg und Vermögen auch in unser Leben!

Apropos Vermögen. Wann können wir sagen: Ich bin vermögend? Vermögend ist nur der, der etwas vermag. Wer viel vermag, ist sehr vermögend. All unser Geld können wir verlieren, aber nie unser Vermögen. Vor dem Verdienen kommt das Dienen und immer die Frage: Wie kann ich das, was ich vermag, in den Dienst des Ganzen stellen?

Erwarten wir Erfolg und Reichtum, dann sollten wir dem Gedanken der Fülle Raum geben, aber zum Wohle aller. Sie wird so sicher kommen wie das Amen in der Kirche. Damit übernehmen wir die Verantwortung für unsere Finanzen, das heißt aber nicht, dass wir Geld zum Mittelpunkt unseres Denkens und Handelns machen sollen.

Mancher von uns meint, wir könnten doch nicht um Materielles bitten, doch wir vergessen dabei, dass die Materie Gottes Ausdruck der Wirkung unserer guten Gedanken ist. Wer sich selbst liebt, liebt auch andere und ist deshalb gern bereit, seinen Reichtum auch mit seinen Mitmenschen zu teilen. Alles ist Energie. Reichtum oder Mangel – beides ist der Ausdruck unserer inneren Einstellung. Durch unsere lebensbejahende Bewusstseinshaltung sind wir die Schöpfer einer positiven Realität.

Oftmals werde ich am Schluss meiner Seminare gefragt: »Gila, wir haben hier so viel erkannt. Wenn wir jetzt wieder nach Hause kommen, wie können wir dort auf eine konstruktive Weise weitermachen?«

»Sucht nach Gelegenheiten, die euch dabei helfen und inspirieren! Das können Bücher sein oder Vorträge. Sucht vor allem Menschen, die einen positiven Einfluss auf euch ausüben, die euch in eurer neuen Art zu denken verstehen und unterstützen. Ersetzt Angst durch Vertrauen, durch Liebe! Ihr könnt alles erreichen, was ihr euch vornehmt. Ihr habt die Fähigkeit, das zu werden, was ihr wollt. Denkt und fühlt euch in die Situation hinein, die ihr als erstrebenswert erachtet und versucht, euren Träumen jeden Tag etwas näher zu kommen. Und erscheint es manchmal auch sehr schwierig weiterzumachen, haltet trotzdem an eurem Traum fest. Von Tag zu Tag mehr werdet ihr erkennen, dass ihr inzwischen in das hineingewachsen seid, was ihr euch erträumt habt –

einfach deshalb, weil ihr den Mut hattet, an eure Fähigkeiten zu glauben und an euren Träumen festzuhalten.«

Positives Denken muss geübt und regelmäßig angewandt werden, so wie ein Muskel trainiert werden muss, wenn er seine Spannkraft auf Dauer erhalten soll. Ohne ständige Anwendung holt uns der Alltag schnell wieder ein, und wir fallen nach und nach in unsere alten Verhaltensmuster zurück. Kontrollieren wir jedoch unsere Gedanken und sind überwiegend positiv eingestellt, wird das positive Denken auf Dauer immer mehr zur Gewohnheit und geht in Fleisch und Blut über. Damit schaffen wir uns einen Garanten für dauerhaften Erfolg im Leben.

Wenn dann trotzdem mal wieder alte Muster hochkommen sollten, dann helfen uns die folgenden Affirmationen:

Affirmationen Erfolg und Reichtum

Ich verdiene jederzeit das Beste im Leben.

Ich helfe anderen gern, erfolgreich zu sein
und freue mich über ihren Erfolg.

All meine Ersparnisse ziehen nach dem Gesetz
des Wachstums magnetisch weitere finanzielle Fülle an.
Dieses Geld ist fließende Energie,
die Gutes in meinem Leben und auch für andere bewirkt.

Ich danke dem Leben für den Überfluss,
an dem ich in allen Lebensbereichen teilhaben darf.

Alle Menschen in meinem privaten und geschäftlichen
Umfeld schätzen mich sehr.

Ich setze meine Fähigkeiten zum Wohle aller ein
und habe damit in allen Bereichen sehr großen Erfolg.
Ich erkenne alle Chancen, auf angenehme
und leichte Art für ein gutes Einkommen zu sorgen.

Ich liebe Geld und Wohlstand, weil ich damit auch für andere
viel Gutes tun kann. Deshalb heiße ich
Wohlstand und Reichtum in meinem Leben willkommen.

Ich bin dankbar für meinen ständig wachsenden Wohlstand.
Erfolg und Reichtum sind stets in meinem Bewusstsein.

Liebe und Harmonie

In diesem Buch geht es um die Liebe. Wir sind aus der Liebe entstanden. Unsere Seele hat sich aus der Liebe Gottes entwickelt und unser Körper aus der Vereinigung unserer Eltern.

Durch die Erziehung in unserer Kindheit sind Normen, Gebote und Verbote in unserem Unterbewusstsein als verhaltensbestimmende Programme entstanden, die uns oftmals davon zurückhalten, Liebe frei fließen zu lassen.

Wenn wir dann früher oder später den Wert der Liebe für unser Leben wirklich erkennen, dann spüren wir auch, dass wir spirituelle Wesen sind, die eine körperliche Erfahrung machen, und nicht körperliche Wesen mit einer spirituellen Erfahrung.

Liebe ist mehr als ein Gefühl, sie ist die höchste Schwingung zwischen allem, was lebt. Liebe trägt uns vorwärts, lässt unsere Gedanken und Worte als liebevolle Energie fließen. Auch deshalb sollten wir immer mehr auf unsere Worte achten. Sie sind mitverantwortlich für die Schönheit in unserem Leben, aber auch für das Problem, das unser Leben belastet.

Wie bedeutend unsere Gedanken sind, zeigt folgendes Beispiel: Eine Seminarteilnehmerin kam zu mir und bat mich um ein Gespräch. Sie lebte in Trennung, hatte zwei kleinere Kinder, und ihr Mann sollte für ihre Kinder und sie Unterhalt zahlen. Das entscheidende Gespräch zwischen ihr, ihrem Mann und den beiden Anwälten stand kurz bevor, und sie hatte Angst davor.

»Da ich meinen Mann kenne, weiß ich im Grunde schon, wie alles ablaufen wird«, meinte sie ein wenig bitter.

»Ja«, erwiderte ich nickend, »da hast du Recht.«

Sie sah mich erstaunt an und meinte: »Das *ist* ja das Problem, Gila, dass ich schon weiß, wie alles abläuft! Aber ich brauche doch eine Lösung!«

Ich sagte ihr, dass sich genau die Situation ereignete, von der sie glaubte, dass sie geschehen würde. Wenn sie sich immer wieder vorstellte, dass ihr Mann Schwierigkeiten machte, dann träte genau das ein. Visualisierte sie jedoch zuerst vor dem Gespräch eine Schwingung des Friedens und der Harmonie und ließe das Gespräch voller Würde und Achtung füreinander ablaufen, dann würden sich beide wohlfühlen, und niemand hätte das Gefühl, als Verlierer aus diesem Gespräch herauszugehen.

Dankbar rief sie mich hinterher an und erzählte mir, dass sie sich vor dem entscheidenden Gespräch immer wieder eine friedliche und harmonische Stimmung während der Verabredung vorgestellt hatte. Und genau so geschah es! Sie hatten sich einigen können – zum Wohle beider Parteien.

Harmonie heißt für mich nicht Konfliktlosigkeit, sondern in Besonnenheit und Frieden mit Konflikten umzugehen und sie so zu lösen.

Wir können uns entscheiden,
eine Auseinandersetzung zu gewinnen – oder Harmonie!

Konflikte können und werden in unserem Leben auftauchen. Das ist schon durch die verschiedenen Lebensphasen vorgegeben, zwischen Eltern und Kindern, Alt und Jung, Mann und Frau. Aber ein Konflikt kann nie negativ sein, wenn wir ihn als Herausforderung ansehen und das Beste daraus machen.

In meinen Harmonieseminaren versuche ich mit meinen Teilnehmern zusammen, die Ursachen von Konflikten und Stress aufzudecken, um dafür eine Lösung zu finden. Die meisten Konflikte jedoch entstehen durch mangelnde Selbstliebe. Ruhen wir dagegen in uns, so berührt es uns weit weniger, dass der andere mal aus der Haut fährt, als wenn wir selber gestresst oder ärgerlich sind.

Gleiches zieht Gleiches an. Ich kann diese Worte immer nur wiederholen, weil sie uns so viel klar machen und die Erklärung für viele Situationen darstellen. Wenn wir Selbstachtung, inneren Frieden und Harmonie ausstrahlen, machen wir uns automatisch für diese Qualitäten magnetisch. Durch die Veränderung unserer Schwingung ziehen wir in all unseren Beziehungen diesem Gesetz entsprechend Frieden, Mut, innere Stärke und Selbstachtung an. In dem Maße, wie wir uns selbst achten, achten wir auch den anderen. Es gibt keinen Menschen, der höher steht als wir, vor dem wir kuschen müssten.

Autorität – ja! Aber wir sollten in erster Linie unsere eigene Autorität, Kompetenz und Würde anerkennen, unseren Wert anerkennen. Dann strahlen wir diese Qualitäten auch aus.

Doch die Frage liegt nahe: Steht der Chef nicht höher in der Rangordnung als ein Lehrling?

Ist das wirklich so? Was wäre denn ein Chef ohne Mitarbeiter? Wäre er dann noch der Chef? Wer ist wichtiger – die Sonnenblume oder der Sonnenblumenkern? Was wäre ich als Seminarleiterin, wenn ich keine Teilnehmer hätte? Wer ist also wichtiger? Indem ich lehre, lerne ich – indem ich lerne, lehre ich! Es ist doch nur ein gegenseitiger Austausch zwischen allen Menschen im Fluss des Lebens.

Zwischen unserem Gefühl, unserer Intuition einerseits und dem logischen Verstand, dem sogenannten ›Geschäftsführer‹ andererseits sollte immer ein harmonisches Zusammenspiel bestehen.

Es sind Liebe und Harmonie, die hier die Brücke zu allen Lebensbereichen bilden – Harmonie in dem Verhältnis unseres Einkommens zu unseren Ausgaben und Harmonie hinsichtlich unserer Kräfte, die wir einsetzen, und dem, was wir erreichen möchten.

Der einfachste Weg, Harmonie herzustellen, ist die Entscheidung, unseren Fokus von der Opferrolle auf den Menschen zu lenken, der selbst entscheidet; der Mensch, der seine Verhältnisse durch die Änderung seines Bewusstseins ändern kann.

Wir können jedoch beschließen, weiterhin Opfer zu bleiben, das heißt weiter das Gefühl zu haben, der Unterlegene, der Besiegte zu sein, tragen dann aber auch die Verantwortung für die Folgen unserer Einstellung. Jeder kennt diese Gedanken: »Soll der mal als Erster wieder grüßen. Ich doch nicht! Der hat doch angefangen und mich dabei so verletzt!«

Und was passiert dann? Keiner von beiden fühlt sich wohl. Einer versucht, den anderen zu meiden, weil wir uns im Grunde unseres Herzens ja Harmonie wünschen und uns wohlfühlen möchten, aber nicht können, wenn der andere unseren Weg kreuzt. Noch unangenehmer ist der Streit zwischen Familienangehörigen, die vielleicht auch noch im gleichen Haus wohnen. Ich glaube, wir kennen alle solche Situationen.

In der Familie passiert es dann vielleicht eher, dass wir wieder mit dem anderen sprechen, doch wenn Disharmonien zwischen Nachbarn entstanden sind, tragen wir Groll im Herzen.

Es geht einfach nicht, dass wir viele wunderbare Bücher lesen oder Harmonieseminare besuchen – und in unserem Umfeld nichts verändern. Ob wir wollen oder nicht, ob wir es erkennen oder nicht: *Wir* sind in der Verantwortung, Harmonie in unserem Leben zu schaffen, denn das Leben hat *uns* dazu aufgefordert, nicht den anderen, weil es *uns* für stark und reif genug hält. Der andere hat diesen Impuls vielleicht noch nicht bekommen, hat noch keine Hilfe durch ein Buch, ein Seminar oder ein Gespräch erhalten. Also ist es eine Aufforderung an *uns*, diesen Zustand des gegenseitigen Grolls jetzt zu ändern. Unser Leben kann nicht immer voller Freude, aber immer voller Liebe sein.

In dem Zusammenhang möchte ich ein Beispiel aus meinem eigenen Leben anführen. Vor einigen Jahren zog ein älterer Herr in die Einliegerwohnung unseres Hauses ein. Lange Jahre über war er Jäger gewesen, allerdings jetzt nicht mehr. Er hatte einen jungen Jagdhund mitgebracht, für den er auf unserem Grundstück einen Zwinger baute, weil er den Hund nicht in seiner Wohnung halten wollte. Das war auch alles in Ordnung.

Nicht in Ordnung fand ich dagegen, dass er sich kaum um seinen Hund kümmerte. Da er oftmals tagelang nicht zu Hause war, übernahm mein Sohn Rico mit seinen 13 Jahren dann ersatzweise diese Aufgabe.

Während der häufigen Abwesenheit unseres Mieters winselte und bellte der Hund im Zwinger oft stundenlang, dass wir es kaum noch ertragen konnten. Immer wieder sprach ich ihn darauf an, er aber winkte ab und meinte, das sei der Hund so gewohnt. Ein Jagdhund sei eben ein Jagdhund und brauche keine Gesellschaft.

Ich machte ihm klar, dass ich das völlig anders sähe. Für mich sei ein Hund der Freund des Menschen und gehöre mit zur Familie.

Als er den Hund wieder einmal tagelang allein ließ und sich dieser in seiner Not und Einsamkeit immer lauter bemerkbar machte, forderte ich ihn danach auf, den Hund aus dem Zwinger zu holen und mit in seine Wohnung zu nehmen. Das lehnte er grundsätzlich ab. Ich wusste mir nun keinen anderen Rat, als das Recht auf Tierhaltung schriftlich zu widerrufen. Damit war der Konflikt vorprogrammiert. Obwohl wir im gleichen Haus wohnten, gingen wir ab dem Moment nur noch schriftlich miteinander um.

Was hier ablief, war für mein Harmoniebedürfnis ein absoluter Schock, und ich fragte mich: Geht es hier um Rechthaben oder um Harmonie? Ich als Vermieterin habe diesen Status stets weniger als Privileg, sondern immer mehr als Verantwortung empfunden – und nun das! Außerdem baute sich bei uns allen noch starkes Mitgefühl für das Tier auf, welches all dem schutzlos ausgeliefert war.

Am Tag, als die Frist des Widerrufs ablief, sah ich, wie der

Hund von einer anderen Familie mit Kindern abgeholt wurde, die ihn offenbar gleich ins Herz geschlossen hatten.

Nun hatte ich zwar gesiegt, aber ich fühlte mich keineswegs als Siegerin, sondern eher als jemand, der seine Macht angewandt hatte, allerdings zugunsten eines Tieres – aber immerhin! Und Macht ausüben, das lag mir gar nicht.

So kaufte ich einen großen Blumenstrauß und schellte mit klopfendem Herzen bei meinem Nachbarn. Erstaunt öffnete er, und ich konnte mich nur mit Tränen in den Augen bei ihm bedanken. Dabei wurden auch ihm die Augen feucht, und er nahm mich wortlos in die Arme. Und damit war wieder ein langes, gutes Mietverhältnis besiegelt. Bevor wir dann ein Jahr später unsere Aisha bekamen, habe ich als Ausgleich seine ›Erlaubnis‹ eingeholt, ob es ihm recht war, dass *wir* einen Hund hielten.

Die vorausgegangene Disharmonie zwischen uns hatte sich durch unsere verschiedenen Einstellungen aufgebaut. Er hatte Zeit seines Lebens Jagdhunde gehalten, sie aber mehr als Mittel zum Zweck angesehen. Meine Einstellung war eben eine andere. Hier ging es doch gar nicht darum, wer recht hatte, sondern darum, dass wieder Harmonie eintreten konnte. Es kann sein, dass selbst zum heutigen Zeitpunkt noch jeder glaubt, sich nach bestem Wissen verhalten zu haben, weil man es nicht anders weiß oder anders gewöhnt ist. Aber das ist nicht wichtig – wichtig ist, dass man dem anderen wieder die Hand reicht. Liebevolle Veränderung, wie ich mit anderen Menschen umgehe, ist immer der beste Weg, um Harmonie wiederherzustellen.

Stören wir dagegen eigenwillig die Harmonie, führt das Gesetz unweigerlich wieder den Ausgleich herbei, indem uns

Disharmonie in anderen Bereichen unseres Lebens begegnen wird, wo es uns gar nicht passt.

Was aber wäre gewesen, wenn unser Mieter meinen Dank *nicht* angenommen hätte? Was ist denn, wenn ein Mensch zu einer Versöhnung ›Nein‹ sagt? Haben wir dann die Aufgabe nicht gelöst, Harmonie herbeizuführen? Kann ich einen Menschen zwingen, mir wieder die Hand zu reichen? So eine Situation wird oft als Niederlage empfunden, ist es aber keineswegs.

Auch hier möchte ich wieder das Erlebnis einer Seminarteilnehmerin anführen. Sie erzählte, sie habe vor Jahren ihrer Mutter, die sie sehr verletzt hatte, in ihrer ganzen Wut und Empörung einen Brief geschrieben. »Im ersten Moment ging es mir dadurch besser«, bekannte sie.

»Und wie hat deine Mutter reagiert?«

»Mit einem Brief gleicher Art. Der Tenor dieses Briefes war in Kürze, wie undankbar ich doch sei! Seitdem ist Sendepause zwischen uns.«

Ich machte ihr klar, dass das Prinzip der Liebe und Harmonie wie auch das Prinzip von Wut und Vorwurf dem gleichen Gesetz von Ursache und Wirkung unterworfen sei. Der Mensch hat die Freiheit der Wahl.

Dieser Freiheit aber steht die Konfrontation mit den Folgen unserer Handlungen gegenüber. Dafür sorgt dieses Gesetz, das im Volksmund Schicksal genannt wird. Schicksal ist weder unerforschlicher Ratschluss Gottes noch blinder Zufall. Es ist vielmehr das denkbar gerechteste Gesetz und lautet: Jeder bekommt das, was er verursacht. Nicht weniger, nicht mehr und nichts anderes. Schicksal ist die Summe der Folgen unserer Entscheidungen.

»Du weißt doch: Gleiches zieht Gleiches an«, endete ich, »und dementsprechend fällt es auf uns zurück.«

»Wie hätte ich mir denn sonst Luft machen können?«

»Auf die gleiche Art, wie du es getan hast. Nur wäre es besser gewesen, diesen Brief voller negativer Energien nicht abzuschicken. Du hättest deine Engel um Transformation bitten und diesen Brief danach irgendwo verbrennen sollen. Und dann, nachdem deine Wut verraucht war, hättest du mal überlegen sollen, ob du dich nicht für all das Gute, das deine Mutter ja mit Sicherheit auch in deinem Leben für dich getan hat, bedanken solltest. Du hättest dann wahrscheinlich einen Brief oder einen Anruf von deiner Mutter erhalten, in dem sie sich dankbar und vielleicht auch überrascht gezeigt hätte über deine Worte.«

Sie erzählte weiter, dass es ihr danach die ganzen Jahre über gar nicht gut gegangen wäre. Sie erschien mir sehr traurig, weil sie nun meinte, alles falsch gemacht zu haben.

Ich erklärte ihr, dass es keineswegs zu spät sei. »Du kannst Folgendes tun, wenn es dir besser gehen soll. Schreibe deiner Mutter *jetzt* diesen Brief des Dankes und schreibe ihr, dass es dir leidtut, damals in deiner Wut den anderen Brief geschrieben zu haben. Du seiest jetzt um einige Erfahrungen reicher und auch reifer geworden und bittest sie, den alten Brief zu entsorgen und diesen Brief mit den neuen Gedanken und Worten der Dankbarkeit und der Anerkennung in ihrem Herzen zu behalten. Das ist Liebe und Harmonie – und Reife deiner Persönlichkeit.«

»Und wenn sie sich nicht meldet?«

»Dann darf das auch so sein. Für den Fall braucht sie eben Zeit, um das alles zu verarbeiten. Du kannst sie nicht zu einer Reaktion zwingen. Nimmt der andere dein Versöhnungsangebot nicht an, heißt das nicht, dass du mit deiner Aufgabe gescheitert bist. Du hast sie bestanden, denn du hast dich dem Gesetz der Liebe und Harmonie gestellt. Und weil du es getan hast, bist du dadurch frei!«

Auf ihre Frage, ob sie denn nichts mehr unternehmen sollte, wenn keine Antwort käme, riet ich ihr: »Sende ihr mal einfach einen Blumenstrauß, vielleicht nicht nur zu ihrem Geburtstag, sondern ohne offensichtlichen Grund, und schreibe ihr zusätzlich mal zwischendurch eine Grußkarte. Kaum jemand wird so stur sein, dass er sich überhaupt nicht mehr meldet.«

Schlagartig ging es ihr nach diesem Gespräch besser, und es entstand ein tiefer innerer Frieden in ihr.

Einige Wochen später schrieb sie mir überglücklich, ihre Mutter habe sich auf ihren Brief bei ihr gemeldet, und es hätte wieder eine behutsame Annäherung zwischen ihnen stattgefunden.

Ein wichtiges Thema in meinen Seminaren ist die Kraft des Gebens. Auch hier gilt wieder das Ofenprinzip, das ich zuvor bereits deutlich gemacht habe.

»Beklagt euch nicht«, sagte ich in einer Diskussion, »dass ihr keine Liebe in eurem Leben habt. Die einzige Möglichkeit, Liebe zu bekommen, ist, Liebe zu geben. Und je mehr man gibt, desto mehr bekommt man!

So wie die Pflanzen wieder aufwachen, wenn sie des Morgens die Sonne spüren, beginnen wir Menschen zu leben, wenn wir das Herz eines Menschen spüren. Umarmen wir jemanden, so wird er uns auch umarmen, selbst wenn es anfangs ungewohnt für ihn ist. Liebe ist wie ein Bumerang, sie wird stets und ständig zu uns zurückkehren.«

»Aber nicht immer von der gleichen Person, oder?«

»Das kann vorkommen. Liebe ist die Energie mit der höchsten Schwingung, und Energie geht nie verloren. Liebe ist ein Geschenk an den anderen, aber erst, wenn es freiwillig gegeben wird, wenn keine Bedingungen daran geknüpft werden. Liebe ist Geben *und* Nehmen, aber sie beginnt immer mit dem Geben.«

Ich erinnere mich an eine Teilnehmerin, die offensichtlich Probleme hatte, sich selber anzunehmen. Dabei empfand ich sie als eine starke Persönlichkeit mit einer sehr liebevollen Ausstrahlung.

Sie hatte mich um ein Einzelgespräch gebeten und mir gesagt, wie schwer es ihr fiele, ihren Mann, ihre Kinder, geschweige denn, eine fremde Person in die Arme zu nehmen. Außerdem habe sie noch keine Partnerin, mit der sie abends eine Übung machen sollte.

Niemand muss bei mir irgendetwas tun, was er nicht möchte, aber wenn ich um Rat gebeten werde, dann sage ich auch, was ich denke. So gab ich ihr den Rat, hier auf dem Seminar mal zu drei Menschen hinzugehen, bei denen sie noch aufgrund ihrer eigenen Muster Fremdheit spürte und diese einfach mal in den Arm zu nehmen.

»Ob ich das schaffe?«, zweifelte sie.

»Die Frage stellt sich hier nicht«, erklärte ich ihr mit Nachdruck. »Du sagst dir jetzt in aller Klarheit. ›Wenn ich mein Leben zum Positiven ändern möchte, dann schaffe ich das mit Leichtigkeit!‹ Völlig unbeobachtet von mir kannst du diese Aufgabe lösen, wann immer du willst.«

Und dann geschah es: Einige Zeit später kam sie freudestrahlend auf mich zu, nahm mich voller Begeisterung in die Arme und sagte: »Gila, du glaubst es nicht, was geschehen ist! Ich habe es wirklich geschafft, drei der Teilnehmerinnen von mir aus zu fragen, ob ich sie mal umarmen darf. Alle waren so voller Liebe und haben mich vor Freude ganz fest gehalten. Und später sind drei andere aus der Gruppe auf mich zugekommen und haben gefragt, ob ich abends ihre Partnerin sein wollte. Das musst du dir mal vorstellen!«

Na bitte – es funktioniert doch, meine Lieben!

Unsere inneren Ziele sollten Freude, Harmonie und Friede sein. Harmonie bedeutet auch, mit uns selber in Frieden zu sein. Wir können nicht gleichzeitig Groll *und* Harmonie im Herzen empfinden. Es geht einfach nicht. Aber wir können uns entscheiden für eines dieser Gefühle. Und wenn wir uns bewusst entscheiden können, dann wissen wir inzwischen sowohl vom Verstand als auch vom Herzen, was uns gut tut im Leben.

Lasst uns anfangen, uns mit Liebe zu umgeben, indem wir täglich liebevolle Affirmationen zu uns sagen oder zu Papier bringen. Wir sind tatsächlich in der Lage, das Mangelgefühl durch ein Gefühl des Dankes zu ersetzen.

Affirmationen Liebe und Harmonie

Liebe erfüllt meine Seele und mein Herz.

Ich schöpfe aus der unendlichen Quelle der Liebe.

Ich gebe Liebe an den ganzen Kosmos ab,
und vollkommene Liebe strahlt auf mich zurück.
Je mehr Liebe ich gebe, desto mehr kehrt zu mir zurück.

Ich sehe die Liebe in allen Menschen.
Liebe ist die stärkste Kraft im Universum.

Jeden Tag zeige ich durch mein Handeln Liebe zu mir
und meinen Mitmenschen.

Ich entscheide mich jetzt, Liebe und Harmonie in alle
Bereiche meines Lebens einfließen zu lassen.

Ich fühle, wie diese Harmonie durch jede Zelle
meines Körpers strömt.

Vollkommene Harmonie und Liebe
sind jetzt in meinem Herzen.

Ich bin in vollkommener Harmonie mit mir.

Ich lebe harmonisch und ausgeglichen.

Ich bin dankbar. Alles ist jetzt gut!

Vergebung

Wenn wir lernen möchten, wie man liebt, müssen wir zuerst lernen, wie man vergibt, uns von all den Dingen aus unserer Vergangenheit lösen, die uns bewusst oder auch unbewusst belasten. Lassen wir sie nicht in Frieden los, dann geben wir den Ereignissen oder den Menschen Macht über uns, die uns verletzt haben. Wir müssen also zuerst lernen, uns von den Schatten der Vergangenheit zu befreien.

Vergebung setzt Schuldgefühle voraus – Schuld, die wir uns selber aufgeladen haben oder die ein anderer uns gegenüber empfindet. Zunächst einmal müssen wir jedoch bereit sein, uns selbst die Fehler oder das Fehlverhalten, aus dem unser Schuldgefühl entstanden ist, zu vergeben, damit Ängste oder Depressionen aufgelöst werden können oder gar nicht erst entstehen.

Auch zu dem Thema möchte ich wieder kurz über einen Fall berichten. Am letzten Tag eines Seminars in Österreich bat mich eine Teilnehmerin um ein Einzelgespräch. Sie erzählte mir, dass sie bereits seit Jahrzehnten unter starken Angstattacken leide und deshalb mehrmals in Therapie gewesen sei.

»Und seit wann treten diese Angstgefühle bei dir auf?«, wollte ich wissen.

»Seit ungefähr 19 Jahren.«

Ich fragte sie, ob vor dieser Zeit irgendetwas geschehen wäre, das vielleicht damit zu tun haben könnte und an das sie sich erinnerte.

Sie schüttelte den Kopf und meinte: »Nein, da ist nichts, an das ich mich erinnere. In einer Therapie wurde auch schon versucht, die Ursache dafür herauszufinden, leider ohne Erfolg.«

Ich antwortete ihr, dass es mir in diesen vier Tagen nicht immer möglich wäre, durch ein persönliches Gespräch eine Ursache zu finden. Natürlich hätte ich ihr gern durch eine längere Beratung einen Impuls gegeben. Zu dem Zeitpunkt konnte ich ihr nur raten, nach dem Seminar, das ihre Seele offenbar sehr berührt hatte, nochmals einen guten Therapeuten aufzusuchen, mit dem sie offen und vertrauensvoll zusammenarbeiten konnte.

Am nächsten Morgen geschah es dann. Ich machte mit meinen Teilnehmern eine Vergebungsmeditation, um noch tief sitzende Verletzungen aufzuarbeiten. Direkt nach dieser Meditation merkte ich, wie heftig sie reagierte. Als ich sie in meine Arme nahm, spürte ich, dass ihr ganzer Körper bebte.

»Gila«, schluchzte sie, »ich muss dich sprechen – gleich in der Pause!«

Bei unserem persönlichen Gespräch sprudelte dann alles aus ihr heraus. Bei der Passage, sich selbst zu vergeben, war aus den tiefen Schichten ihres Unterbewusstseins ein ganz starkes Schuldgefühl aufgebrochen, weil sie 19 Jahre zuvor eine Abtreibung hatte vornehmen lassen.

Dieses Ereignis hatte sie vollkommen verdrängt und auch ihrem Therapeuten nichts davon mitgeteilt, weil ihr überhaupt nicht klar war, dass damit innerlich immer noch so viel Schmerz, Schuld und Vorwürfe verbunden waren. Wie oft treffe ich auf Teilnehmerinnen, die sich ihr Leben lang durch solche Schuldgefühle belasten!

»Das war doch Mord, Gila! Das war doch Mord«, stammelte sie und sah mich tränenüberströmt an.

»Unsere Kirche stellt das so dar, aber die geistige Welt sieht es ganz anders«, erwiderte ich. »Durch mehrere mediale Übertragungen habe ich erfahren, dass es ganz unterschiedlich ist, zu welchem Zeitpunkt die Seele in den Körper Einzug hält. Wird nun eine Schwangerschaft unterbrochen, aus welchen Gründen auch immer, dann stimmen die geistigen Durchsagen darin überein, dass die Lebensumstände für dieses Leben nicht passten. Diese Seele wird sich dann zu einem späteren Zeitpunkt wieder entscheiden, auf die Welt zu kommen.

Wenn du dir darüber klar geworden bist, dass die gesamten Lebensumstände für dich im Moment nicht passen, darfst du die Entscheidung für eine Abtreibung selbst treffen! Das ist dann absolut in Ordnung! Kommt diese Antwort aus der Tiefe deiner Seele, wirst du auch weiterhin die Kraft haben, zu deiner Entscheidung zu stehen. Übrigens, hast du danach noch ein Kind bekommen?«

»Ja«, sagte sie, erleichtert über das, was sie von mir gehört hatte. »Aber manchmal ertappe ich mich dabei, dass ich meinen Sohn, der jetzt zwölf Jahre alt ist, gar nicht so lieben kann, wie ich möchte. Erst jetzt und hier ist mir klar geworden, dass dem die unbewussten Schuldgefühle für mein ungeborenes Kind bisher im Weg standen.«

»Vielleicht ist dein Sohn diese Seele, die schon vorher zu

euch kommen wollte? Wenn du nach Hause kommst, dann gib ihm ab sofort mehr Liebe und Zuwendung. Schenke ihm einen ganzen Tag oder ein Wochenende – nur für euch beide! Und dann geh mal ganz auf ihn ein, mit deiner Liebe und deiner Zeit. Du weißt, dass du nicht nur ihm, sondern auch dir selber damit etwas Gutes tust. Du wirst sehen – es heilt!«

Noch immer stand sie unter dem starken Eindruck des Geschehens und fragte dann unvermittelt: »Und wie ist es, wenn danach kein Kind mehr kommt? Heißt das, dass die Seele dann aufgibt?«

»Eine Seele kann sich frei entscheiden und aussuchen, in einem anderen Leben geboren zu werden. Selbst wenn man später keine Kinder mehr bekommt, aber gerne möchte, ist das niemals eine Strafe dafür, dass man sich aus welchen Gründen auch immer für einen Abbruch entschieden hat.«

In manchen meiner Bücher gehe ich behutsam auf den Gedanken der Reinkarnation ein, die Annahme oder den Glauben, dass eine Seele für ihre Entwicklung nicht nur *ein* Leben braucht. Auch hier möchte ich kurz meine Einstellung dazu erklären:

Obwohl ich selber den Gedanken der Reinkarnation verinnerlicht habe, ist es *gleich-gültig* – bitte beachtet diese Formulierung –, ob jemand dieser Meinung zustimmt oder davon überzeugt ist, es gäbe nur *ein* Leben, nämlich das gegenwärtige. Keiner hat recht oder unrecht – nur die Liebe schafft die Verbindung zwischen beiden Glaubensrichtungen.

Grundsätzlich ist meine Meinung dazu: Wenn jemand an

nur *ein* Leben glaubt, dann soll er Ursachen der Liebe für nur *ein* Leben setzen. Und wenn jemand glaubt, schon öfter gelebt zu haben, so möge er so viele liebevolle Ursachen setzen, dass die Liebe über viele Leben hinaus Früchte trägt. Niemand ist weiter als der andere, wir sind alle auf unserem Weg. Darum ist alles *gleich-gültig*! Dieser scheinbar gegensätzliche Glaube vereint sich in der Liebe.

Und auch für meine Teilnehmerin waren diese für sie neuen Gedanken ein großer Trost, und zum Ende des Seminars war sie wie ausgewechselt.

Was war hier geschehen? Durch ihre Entspannung waren Ereignisse aus den tiefsten Schichten ihres Unterbewusstseins ans Licht gekommen. Der Leidensdruck hatte sie viel Kraft gekostet – Kraft, die ihr zur Auflösung des Konfliktes fehlte. Erst jetzt, wo sie durch die vergangenen Seminartage über neue Energie verfügte, konnte ihr Unterbewusstsein ihr das Ereignis zeigen, das Auslöser gewesen war für ihre starken Ängste. Damit hatte sie jetzt durch ihre neuen Erkenntnisse die Möglichkeit, ihr Schuldgefühl aufzulösen und sich selbst zu vergeben.

Schuld entsteht immer nur aus dem Nichtwissen der Zusammenhänge. Da ist einerseits der Wirkungsbereich unseres Egos, den ich mal mit Verletzung, Ängsten jeglicher Art und Befriedigung im Äußeren beschreiben möchte. Der andere Bereich, unser Höheres Selbst, wird getragen durch Harmonie, Liebe, inneren Frieden und Ausgeglichenheit – seelische Qualitäten, die Göttlicher Art sind.

Nur durch die Vergebung können wir uns aus dem Klammergriff unseres Egos befreien und eine Brücke schlagen von der einen Bewusstseinshaltung zur anderen.

Sobald wir jemand anderen für irgendetwas verantwortlich machen, was in unserem Leben nicht funktioniert hat, weisen wir ihm dafür die Schuld zu. Das heißt, wir gehen wieder in die Opferhaltung hinein und sind nicht bereit, für die Ereignisse als Wirkung unseres gesamten Denkens und Handelns die Verantwortung zu übernehmen. Ob es sich dabei um Eltern, Kinder, Partner, Kollegen oder andere Personen handelt, sei mal dahingestellt.

Wir denken: ›Wenn er sich doch nur ein klein wenig anders verhalten hätte, wäre ich heute nicht in dieser fatalen Situation.‹

Kommt uns dieser Gedanke vertraut vor? Ich glaube, jeder von uns ist schon mal in diese Falle hineingetappt. Und darum können wir den anderen auch so gut verstehen.

Wie wir wissen, gibt es zwei Arten von Vergebung, die aber so eng miteinander zusammenhängen wie Geben und Nehmen. In dem Maße, wie ich mir selbst vergeben kann, bin ich auch bereit, anderen zu verzeihen. Bin ich selbst ein Perfektionist und gestehe mir nicht zu, auch mal Fehler zu machen, fällt es mir schwer, anderen solche nachzusehen.

Haben wir einen Fehler gemacht, so sollten wir keine Zeit vergehen lassen für eine Entschuldigung, sondern immer sofort dem anderen zeigen, dass wir unser Fehlverhalten jetzt gern korrigieren möchten. Tun wir das nicht, stellt sich bei uns auf Dauer ein Schuldgefühl ein, das immer wieder hochkommt, wenn wir an den anderen denken oder ihm begegnen. Wo Schuldgefühle sind, kann keine Liebe sein. Das wunderbar leichte Gefühl, vergeben zu haben oder Vergebung zu erlangen, bleibt uns verwehrt.

Ein schönes Beispiel dafür möchte ich hier gern anführen: Bei der schon vorher beschriebenen Vergebungsmeditation beim Seminar war eine Teilnehmerin endlich dazu imstande, ihrem Exmann zu verzeihen, zu dem sie mehr als sechs Jahre lang keinen Kontakt mehr hatte.

Nach dem Seminar rief sie mich ganz aufgelöst an: »Gila, hör mal, was passiert ist! Gestern Abend komme ich nach Hause, und mein Anrufbeantworter blinkt. Wen höre ich? Meinen Exmann! Mit der Bitte, doch endlich wieder ein Wort miteinander zu wechseln. Wir hätten doch auch schöne Zeiten erlebt. Ob wir uns nicht mal wieder treffen könnten!«

»Na, siehst du!«, lachte ich.

»Ja, und weißt du, was das Interessante war? Genau zu dem Zeitpunkt, als wir im Seminar die Vergebungsmeditation gemacht hatten, rief er an! Die Uhrzeit seines Anrufs war ja gespeichert!«

Da war sie wieder – die Bestätigung, dass Gedanken Kräfte sind, die jeden erreichen, wo immer er ist! Wie leicht doch alles im Leben sein könnte, wenn wir diese Erkenntnisse öfter umsetzten!

»Aber dem anderen etwas heimzuzahlen, gibt einem doch auch ein Gefühl der Erleichterung«, wagte sich ein Teilnehmer in einem anderen Seminar vor.

»Vielleicht kurzfristig, weil unsere Gefühle ein Ventil bekommen haben. Doch wie sieht es danach aus – auf lange Sicht gesehen? Nur Vergebung befreit unsere Seele von Groll und Bitterkeit. Vergeben heißt auch, den anderen wieder als wertvollen Menschen anzusehen, der genau wie wir auch mal Fehler machen darf. Denn niemand hier auf Erden kann von sich behaupten, vollkommen zu sein. Alle haben wir bewusst oder unbewusst irgendwo und irgendwann jemanden verletzt und möchten, dass er uns vergibt oder vergeben hat.«

»Aber wenn mich bewusst jemand verletzt?«, fuhr der Teilnehmer fort.

»Ein anderer kann uns gar nicht verletzen, wenn wir uns nicht verletzen lassen wollen. Nehmt nichts persönlich! Was andere Menschen machen, hat nichts mit uns zu tun. Die Worte und Taten anderer sind eine Projektion ihrer eigenen Gedanken, ihres eigenen Handelns! Wenn wir Meinungen anderer so stehen lassen können, werden wir aufhören zu beurteilen, zu verurteilen oder Schuld zuzuweisen. Und durch diese Veränderung werden immer mehr Freude und Selbstsicherheit in unser Leben kommen.«

In einem meiner Kurse war ein Teilnehmer, der wütend und traurig war, dass seine Frau ihn kurze Zeit zuvor mit seinem besten Freund verlassen hatte. Verzweifelt versuchte er, wieder zur Ruhe zu kommen.

»Ich habe seitdem keine ruhige Minute mehr gehabt und kaum noch ein Auge zugetan«, meinte er aufgebracht. »Ich suche hier einfach nur meinen Frieden!«

»Wenn du dir jetzt vorstellten solltest, irgendwo auf der Welt zu sein, wo es friedlich ist, wo könnte das sein?«

Er überlegte kurz und sagte: »Mauritius.«

Ich bat ihn, die Augen zu schließen und sich jetzt vorzustellen, wie er friedlich im warmen Sand läge, bei blauem Himmel mit wunderschönem Meeresrauschen.

Sein Gesichtsausdruck blieb jedoch angespannt. Ich sagte ihm: »Schau mal, du kannst gar keinen Frieden haben, weder auf Mauritius noch hier, solange du deiner Frau und deinem Freund nicht vergibst. Vergeben heißt, das Ereignis mit den Gefühlen der Wut, des Ärgers, der Enttäuschung loszulassen. Versuche, dich doch mal in *ihre* Lage hineinzuversetzen! Stell dir vor, *dir* wäre das passiert! Dann würdest du spüren, dass du deine Frau niemals hättest verletzen wollen, sondern nur eine Entscheidung für dich und dein Leben treffen musstest. Genauso wenig wollte dich deine Frau verletzen, als sie dich verlassen hat. Es ist dein Ego, das verletzt ist – nicht deine Seele.«

Vergebung heißt: Ich bin bereit, meine innere Einstellung zu verändern, indem mir bewusst wird, der andere war nur Werkzeug für mich. Vergebung heißt auch, meinen inneren Frieden wieder zu erlangen, dadurch Heilung und auf Dauer vollkommene Gesundheit an Körper, Geist und Seele zu erfahren.

Ein spektakuläres Ereignis geschah vor längerer Zeit in Lübeck, als das Asylbewerberheim in der Lübecker Hafenstraße durch Brandstiftung angezündet wurde und sieben Kinder und drei Erwachsene dabei ums Leben kamen.

Ich möchte jetzt nicht so sehr auf dieses tragische Ereignis eingehen, sondern darauf, was mich an dieser Katastrophe so sehr beeindruckt hat. Es war die Reaktion der türkischen Mutter vor Gericht, die ihre Kinder und Enkel verloren hatte. Eines ihrer Kinder, das überlebt hat, wird zeitlebens von den schweren Brandnarben gezeichnet bleiben. Auch dadurch wird sie ständig an die Brandnacht erinnert. Jeder von uns kann nachvollziehen, wie groß ihr Schmerz und ihre Trauer sind. Jeder hätte verstanden, wenn sie nach dem Attentat voller Hass Deutschland verlassen hätte.

Aber diese wunderbare Frau wuchs über sich selbst hinaus und bat vor Gericht sogar um Milde für die Täter. Sie habe ihnen vergeben, sagte sie, sie habe ihr Leben lang keinen Hass, sondern nur Liebe in ihrem Herzen empfunden. Und auch dieses furchtbare Ereignis und der Verlust ihrer Lieben würden daran nichts ändern können.

Alle Medien berichteten in Schlagzeilen über die Täter, doch kaum jemand über die Größe dieser Frau. An ihrem Beispiel dürfen wir wieder die Großartigkeit eines Herzens erkennen. Solche Ereignisse unseres Lebens müssen uns nicht mehr unbedingt hilflos und klein machen, sondern beinhalten auch die Chance, aus unserer Verzweiflung und Trauer heraus über uns hinauszuwachsen.

Lasst uns das tun, was wir wirklich wollen und nicht das, was andere von uns verlangen; aufhören, von Menschen etwas zu erwarten, was sie uns gar nicht geben können. Denn sonst breiten sich Enttäuschungen oder Verletzungen wieder ganz schnell aus.

Lasst alle Gefühle wie Groll und den Wunsch nach Vergeltung los, sie schwächen uns nur; doch haltet fest an Gefühlen wie Dankbarkeit und Freude, um uns zu stärken.

Lasst uns im Leben davon ausgehen, dass Gefühle der Ablehnung nur mit uns und unseren eigenen Mustern zu tun haben und nicht damit, dass ein anderer uns bewusst verletzen will. Insgesamt gesehen ist das eher die Ausnahme.

Lasst uns mit anderen so klar kommunizieren, wie es uns möglich ist, um Missverständnisse und Ablehnung zu vermeiden.

Lasst uns stets unser Bestes geben. Auf diese Weise vermeiden wir Selbstbeschuldigungen, Erniedrigungen und Reue.

Lasst uns das Gefühl des vermeintlichen Unrechts, das ab und zu bei uns wieder hochkommt, ersetzen durch die Erinnerung an das Gute, das uns widerfahren ist.

Denn nur wir selbst haben die Macht und die Kraft dazu, alte Angst- und Schuldgefühle durch Vergebung loslassen zu können. Nur wir selbst sind in der Lage, uns durch Erkenntnisse und Affirmationen von dem Gefühl der Belastung zu lösen, um wieder inneren Frieden zu finden.

Affirmationen Vergebung

Liebevoll vergebe ich mir selbst.

Ich lasse meine Vergangenheit los,
und nehme sie als Lernchance an.

Ich vergebe mir selbst in dem Wissen,
dass ich immer nur das tun konnte,
was zu dem Zeitpunkt für mein Leben richtig war.

Dankbar erkenne ich, dass mich all meine Erfahrungen
aus der Vergangenheit zu Kraft,
Klarheit und innerer Stärke führen.

Ich verzeihe mir und allen anderen Menschen alles,
weil ich weiß, dass mich meine Vergangenheit
wachsen und reifen lässt.

Ganz tief aus meinem Inneren schöpfe ich jetzt die Kraft,
Menschen um Vergebung zu bitten,
und alles zu unternehmen, was in meiner Kraft steht,
um Situationen mit ihnen zu klären.

Meine Umwelt verändert sich liebevoll in dem Maße,
wie ich mich liebevoll verändere.

Der Weg zu meinem Lebensziel ist voller Liebe.

Göttliche Weisheit bestimmt all meine Handlungen.

Glaube und Vertrauen

Der Glaube sitzt in unserem Herzen, der Zweifel in unserem Verstand. Der Glaube verhilft zur Sinnfindung im Leben. Wer das Leben als sinnvoll erlebt, wer positive Ziele hat und verwirklichen will, erkrankt seltener, sowohl seelisch als auch körperlich.

Eine positive Grundstimmung und Ziele im Leben wirken sich auf die Funktion des körperlichen Immunsystems aus. Ein Mensch mit einem guten Abwehrsystem wird mit gesundheitsschädigenden Einwirkungen verschiedener Art besser fertig, er erkrankt seltener.

Bei einer Krankheit ist dann die körperliche Heilung ein Vorgang, der mit mehreren Faktoren zusammenhängt. Der Glaube an die Heilung und die Bereitschaft, die seelischen Ursachen zu erkennen und aufzulösen, ist Voraussetzung für das Gelingen. Der Glaube ist ein Heilmittel ohne Risiken und Nebenwirkungen und könnte damit so manches Medikament ersetzen. Nicht umsonst rückt die rational nicht erklärbare Wirkung von Placebos, Scheinmedikamenten wie Milchzucker, Kakaobutter oder einfacher Kochsalzlösung immer mehr in das Licht der Öffentlichkeit.

Die körperliche Gesundheit ist für jeden wichtig. Doch das Wichtigste im Leben ist eine gesunde Beziehung zu der Einheit allen Lebens, zur Liebe – zu Gott. Gesundheit entsteht durch ein harmonisches Verhältnis zwischen Körper, Geist und Seele.

In der Bibel wird Jesus gebeten, den blinden Bettler Bartimäus zu heilen. Vorher fragt Jesus ihn: »*Glaubst* du, dass ich dich heilen kann?«

»Ja, Herr.«

Und nach der Heilung sagt Jesus nicht: »*Ich* habe dir geholfen!« Er sagt auch nicht: »*Du* hast dir selbst geholfen!« sondern: »Gehe hin, dein *Glaube* hat dir geholfen!«

Jesus wusste um die Beziehung zwischen Glaube und Heilung. Das Wissen um diesen Zusammenhang ist jedoch in unserer westlichen Welt zunehmend in den Hintergrund getreten. Über die Jahrhunderte hinweg haben sich Theologie und Glaube auf der einen und Medizin und Wissenschaft auf der anderen Seite immer mehr auseinanderentwickelt, und es kam zu der ›Arbeitsteilung‹, die wir heute haben: Die Theologie ist zuständig für die Seele und die Medizin für den Körper. Die Trennung zwischen Glaube und Heilung scheint für viele heute immer noch selbstverständlich zu sein. Dabei ist es sogar wissenschaftlich klar erwiesen, dass ein bedeutender Zusammenhang zwischen körperlicher Gesundheit und positiver Lebenseinstellung besteht.

Eine körperliche Heilung ist jedoch immer nur ein äußerliches Zeichen für etwas Tieferes, sie ist wie eine Art Nebeneffekt einer tiefen Wandlung und Veränderung der ganzheitlichen Persönlichkeit anzusehen.

Wenn wir nun um die heilende Kraft des Glaubens wissen und ihr vertrauen, kann dann nicht die Frage aufkommen nach einer gewissen Konkurrenz zur Medizin? Schließt das Vertrauen auf Gott das Vertrauen auf den Arzt aus? Nein, denn wir können auch die medizinischen Möglichkeiten als Mittel der Schöpfung sehen und dürfen somit diese Hilfe dankbar annehmen. Medizin und Glaube sollten nicht konkurrieren, sondern sich sinnvoll ergänzen.

Ein Beispiel, wie wir uns diese gegenseitige Ergänzung vorstellen können: Einem Patienten wird ein schwieriger operativer Eingriff vorgeschlagen. Als gläubiger Mensch wird er nun diese Maßnahme nicht ablehnen, sondern eher dafür beten, dass die Operation gelingen möge. Und er vertraut darauf, dass der operative Eingriff und das Gebet hier im Sinne seiner Heilung zusammenwirken.

Darüber hinaus fordert uns der Glaube keinerlei Leistung ab, nur den Einsatz unserer Gedanken und eine positive Bewusstseinshaltung, die uns obendrein noch zufrieden und glücklich macht. In dem Maße, wie wir anfangen zu glauben, dass wir selber Veränderungen in unser Leben bringen können, verändern auch wir uns und werden damit zu Schöpfern unserer Lebensumstände.

Was heißt überhaupt Glaube? Wie können wir uns seine Wirkung vorstellen? Der Glaube kommt von innen. Er ist eine vertrauensvolle Geisteshaltung, die uns prägt. Durch den Glauben werden Kraftquellen in uns aktiviert, die uns verändern und dadurch heilend wirken. Damit dient er auch als Ursache für neue gute Lebensumstände. So dürfen wir bereits etwas für wahr halten, was noch nicht eingetreten ist. Wir glauben bereits daran, obwohl wir es nicht sicher wissen. Glauben bedeutet, eine Haltung des Vertrauens zum Leben aufzubauen.

Einem Menschen geschieht nach seinem Glauben. Wir können dieses Werkzeug Glauben für ein sinnvolles und erfülltes Leben einsetzen, aber auch missbrauchen, indem wir destruktive Dinge für unser Leben erschaffen. Wie so oft im Leben ist auch hier wieder unsere eigene Entscheidung maßgebend.

Unbewusst glauben manche von uns, dass alles so schwierig ist. Doch wenn wir einmal erfahren und erkannt haben, wie leicht es ist, mit der richtigen Glaubenshaltung Menschen und Ereignisse anzuziehen, die unserer positiven Bewusstseinshaltung entsprechen, werden wir immer mutiger. Das Leben ist einfach leichter, wenn wir vertrauen und wieder an das Gute glauben.

Und genau das geschieht oft nach meinen Seminaren. Mehrere Tage lang sind wir von guten liebevollen Schwingungen umgeben. Argumente, die der Verstand bringt, werden angehört und erledigen sich dann meistens durch Antworten aus dem Herzen. Die Teilnehmer öffnen sich für ihren Glauben an das Gute: Wo Lachen ist, kann keine Trauer sein, wo Freude ist, kann keine Angst sein, und wo Liebe ist, kann kein Hass sein. Wo Vertrauen ist, kann kein Zweifel sein!

So rief mich eine Teilnehmerin, die anfangs recht skeptisch war, kurz nach einem Seminar an und erzählte mir, was ihr auf dem Rückweg widerfahren war. Sie hatte mit ihrer Freundin an der gleichen Autobahn-Raststätte wie auch auf der Hinfahrt angehalten und war von derselben Dame im Service bedient worden.

»Auf dem Hinweg hatte ich mich noch über sie geärgert, weil sie so brummig war. Im Gegensatz dazu schien sie jetzt wie ausgewechselt, hat uns freundlich angelacht und winkte uns sogar noch nach«, meinte sie überrascht. »Und als wir dann später auch noch von einem Polizisten auf einem

Motorrad angehalten wurden, weil ich wohl etwas zu schnell gefahren war, passierte Folgendes: Reumütig gab ich die Geschwindigkeitsübertretung zu und erklärte ihm die Unachtsamkeit mit dem schönen Seminar, über das wir uns gerade unterhalten hätten. Natürlich musste er mir einen Strafzettel verpassen, oder besser, hätte ihn mir verpassen müssen! Doch er beließ es bei einer mündlichen Verwarnung, und ich durfte wahrhaftig weiterfahren! Ich kam aus dem Staunen nicht mehr raus – und nun waren *wir* es, die ihm sogar noch dankbar nachgewinkt haben! Gila, so etwas ist mir im Leben noch nicht passiert! Polizisten waren immer meine Gegner – und jetzt das! Durch das Seminar kommen mir meine sämtlichen Feindbilder abhanden!«, lachte sie ins Telefon.

Was ist denn hier eigentlich passiert? Mit der Veränderung ihrer Schwingung durch das Seminar hatte sie unbewusst auch die Verwandlung bei den anderen bewirkt. Ihr Glaube an das Gute hatte ihre ganze Aura durchdrungen. In dem Moment hatte sie so viel Fröhlichkeit und innere Freude ausgestrahlt, dass auch hier wieder auf der unbewussten Ebene dem Gesetz ›Gleiches zieht Gleiches an‹ Folge geleistet wurde.

Dem Polizisten war sicherlich gar nicht bewusst gewesen, warum er an diesem Sonntagabend so gnädig eingestellt war. Die weichen liebevollen Schwingungen der beiden mussten auch ihn erreicht haben. Und so konnten sie das freundliche Winken der Servicekraft dankbar an den Polizisten weitergeben.

Ob wir es glauben oder nicht, im Grunde genommen benutzen wir zu jeder Tageszeit Affirmationen, ohne dass es uns bewusst ist. Gedanken, die öfter in unserem Bewusstsein sind, werden zu Gedankengängen, wie der Volksmund es so bildlich ausdrückt. Wissen wir also, wie Affirmationen wirken, dann können wir sie auch erfolgreich für eine bessere Qualität unseres Lebens einsetzen. Kurz gesagt, uns geschieht nach unserem Glauben, wie es schon in der Bibel steht. Doch wenn wir meinen, etwas *nicht* verdient zu haben, dann wird unser Unterbewusstsein dafür sorgen, dass uns *auch* nach unserem Glauben geschieht. Wir werden es nicht erhalten!

Es kann auch sein, dass Affirmationen aus anderen Gründen nicht gleich funktionieren. Wir nehmen uns beispielsweise vor, diese Glaubenssätze konstruktiv für unser Leben einzusetzen und arbeiten einmal pro Tag mit ihnen. Den Rest des Tages jedoch denken und handeln wir genau gegenteilig! Es wird sich natürlich *das* manifestieren, was öfter und intensiver gedacht und gefühlt wird. Anders gesagt: Es kann sich gar nichts Wesentliches ändern! Wir sollten uns daran erinnern, dass negative Gedanken, also negative Affirmationen, mit einer weit größeren Intensität behaftet sind. Bezeichnenderweise können die meisten Menschen sich viel schneller ärgern als freuen. Wenn also unsere negativen Gedanken überwiegen, wie können dann positive Affirmationen wirken?

Wie vorher kurz erwähnt, möchte ich hier eine weitere Möglichkeit anführen, wo sie *nicht* wirken können: Ein zu starkes Wollen verhindert die Wunscherfüllung. Wo wir etwas erzwingen wollen, vertrauen wir nicht mehr.

Jedes Mal, wenn wir unseren starken Willen einsetzen, zweifeln wir an der Kraft des Unterbewusstseins. Und Zweifel vernichten bekanntlich die positiven Energien unserer Wünsche. Körperliche Kraft und Willensanstrengungen gehören zur materiellen Welt. Liebe, Harmonie, Vertrauen, Freude und Frieden dagegen machen die feinstoffliche Welt aus – die Welt unserer Gedanken, in der wir die Ursachen kreieren.

Ein anderer Aspekt bei dem Einsatz unserer Gedankenkraft ist, dass wir andere nicht manipulieren dürfen! Ich selber habe in der Hinsicht auch meine Erfahrungen machen dürfen. Als mein erstes Buch ›... *nicht heulen, Husky!*‹ erschienen war, wurde ich kurze Zeit später gebeten, eine Lesung zu halten zur Eröffnung eines Nobelrestaurants, zu der auch ein Vorstandsmitglied der Firma Bertelsmann eingeladen war.

Nach der gelungenen Veranstaltung führte ich ein lockeres Gespräch mit ihm. Und dabei kam mir der Gedanke, es wäre doch schön, wenn dieser Großkonzern die Rechte meines Buches kaufte – und ich fing danach fleißig an, Affirmationen zu schreiben.

Erst zwei Jahre später, als ich selber begann, Seminare zu leiten, wurde mir plötzlich bewusst, was ich da tat! Ich erkannte, dass ich möglicherweise einen Geschäftspartner damit beeinflusst haben könnte! Das war nicht gut, und sofort hörte ich damit auf. Interessant war jedoch, dass später dieser Konzern tatsächlich an den Heyne-Verlag herantrat, um die Rechte dieses Titels für den Buchclub zu erwerben. Eine Zeit lang wurde mein Buch in dem Prospekt hervorgehoben, aber dann verschwand es auch wieder von der Bildfläche.

Das Fazit heißt: Es liegt einfach kein Segen auf unserem Tun, wenn wir versuchen, andere in unserem Sinne zu beeinflussen. Kurzfristig gesehen haben wir damit vielleicht Erfolg, aber auf Dauer schafft es nur der Glaube an die eigene Kraft, Berge zu versetzen, und nicht die Manipulation.

Was aber diese eigene Kraft angeht, so wird sie durch die Geschichte eines Teilnehmers wieder deutlich, die er mir in einem Einzelgespräch erzählte.

Vor einigen Jahren hatte sich in seinem Leben eine Wende vollzogen: Er verlor seine gut bezahlte Arbeit, konnte dadurch nach einem Jahr seine Hypothek nicht mehr bezahlen, und schließlich wurde sein Haus versteigert. Obendrein verließ ihn auch noch seine Frau mit den Kindern. Und das alles musste er innerhalb von knapp zwei Jahren verkraften!

»Ich fing an zu trinken«, gab er zu. »Durch den Alkohol verlor ich jede Kontrolle über mich und mein Leben und landete nach geraumer Zeit in der Gosse, völlig pleite! Alkohol als Betäubungsmittel immer bei mir, dafür reichte das Geld noch! Ich war körperlich und seelisch ein Wrack – und das mit noch nicht mal 40 Jahren.«

Voller Respekt vor seiner Geschichte fragte ich ihn: »Und wie hast du es geschafft, dass du heute hier bist?«

»Vor einiger Zeit habe ich auf dem Flohmarkt ein Buch bekommen, das mir eine Frau beim Abräumen ihres Standes wohl aus Mitleid geschenkt hat. Weißt du, wie dieses Buch heißt?«

»Nein.«

»Es war dein Buch: ›*Mutter Erde, trage mich* ...!‹ Als ich es dann las, wurde mir schlagartig bewusst, dass nur ich selber mein Leben und meine Lebensumstände bestimme. Mir ist dadurch so einiges klar geworden.«

Ich spürte, wie ich eine Gänsehaut bekam.

»Ich begann plötzlich zu verstehen, dass mich die feste Überzeugung, von allen betrogen und verlassen worden zu sein, geradezu zerstörte. Mein Chef, die Bank, meine Frau – alle waren schuld! Jeder für sich trug die Verantwortung für mein jetziges Leben. ›Hier – seht mich an! Ich zeige es euch, was ihr angerichtet habt!‹, war mein ständiger Glaubenssatz des Vorwurfs. Puh, und dann dein Buch!«

»Und wie ging es dann weiter?«, fragte ich sehr berührt.

»Ich erkannte, dass ich mich weiterhin dem Suff ergeben oder die Verantwortung für mich selbst übernehmen konnte. Innerhalb eines Augenblicks fällte ich diese Entscheidung und teilte meinen überraschten Saufkumpanen mit, dass ich nicht länger gewillt war, mein Leben zu vergeuden.«

Er erzählte, dass er damit die Inhalte seiner Gedanken, die ihn vorher auf die Straße gebracht hatten, total umstellte und dann auch bereit war, wegen seiner Sucht um Hilfe zu bitten, um ein anderes Leben zu beginnen.

»Und wie lange ist das jetzt her?«

»Zwei Jahre«, sagte er stolz. »Ich habe damals einfach nur ganz fest daran geglaubt, dass ich es schaffe. Und weil ich es wirklich wollte, bekam ich von überall Hilfe. Jeder war für mich da. Und seit ungefähr einem Jahr arbeite ich als Gartengehilfe und fühle mich draußen bei meiner Arbeit sehr wohl. Vor einigen Monaten habe ich auch meine Kinder zum ersten Mal wieder besuchen können, nach einem langen, guten Gespräch mit meiner Exfrau. Und jetzt wollte ich dich einfach kennen lernen und dir ›Danke‹ sagen. Mir ist wirklich nach meinem Glauben geschehen – ich habe die eine Seite, aber auch die andere Seite des Lebens erfahren …!«

Ich war total berührt von seiner Geschichte und auch davon, dass mein Buch Werkzeug und Auslöser sein durfte für seine wunderbare Veränderung. Tiefe Dankbarkeit durchflutete mich, weil er wieder begonnen hatte, sein Leben zu lieben und zu vertrauen.

Affirmationen Glaube und Vertrauen

Ich bin stark und gesund. Das Leben macht mir Freude.
Ich bin voller Vertrauen zu mir selbst.

Ich glaube an Gott. Jeden Moment des Tages
bin ich von Göttlicher Kraft durchströmt.

Meine positiven Gedanken ziehen wie ein Magnet
Harmonie, Frieden, heitere Gelassenheit und Vertrauen an.

Ich habe unendliches Vertrauen in mein Leben.

Ich bin dankbar für alles, was ich bin,
und alles, was ich habe.

Ich bin jederzeit offen für neue, gute Ideen.
Alles, was durch meine positiven Gedanken erschaffen wird,
schenkt mir Erfüllung.

Jeden Tag erkenne ich weitere Chancen und Möglichkeiten,
mir selbst und anderen zu helfen.

Ich glaube und vertraue, dass ich jederzeit in der Lage bin,
alle Lebensumstände zu erschaffen,
die für mein Leben gut und wichtig sind.

Alle guten Dinge fließen mir mit Leichtigkeit zu.

Heilung

»Hauptsache gesund!« Wer stimmt dem nicht zu, wer schätzt nicht die Gesundheit als hohes, ja, sogar als höchstes Gut? Doch wenn wir körperlich oder seelisch krank sind, suchen wir Heilung. Wir nehmen die Möglichkeiten der Medizin in Anspruch und sind darüber hinaus auch vielfach offen für andere alternative Formen des Heilens.

Die Palette der Heilungsangebote ist breit gefächert und lässt uns manchmal vergessen, dass auch unser Glaube eine heilende Dimension hat. Heilen heißt – wieder ganz werden. Heilen ist die Aufgabe des Geistes. Im Grunde genommen sind es seelisch-geistige Vorgänge, die sich im Körper abspielen. Krankheit will uns immer einen Hinweis geben auf etwas, was in unserer Seele nicht in Ordnung ist, wo Disharmonien aufgetreten sind und wo wir uns von unserer Lebensaufgabe entfernt haben. Krankheit hat immer einen tieferen Sinn.

Ist es eigentlich immer so, dass in einer Disharmonie der eigentliche Auslöser zu finden ist? Nein, ich glaube nicht. Ich bin da etwas vorsichtig, denn wie kann man mit dieser These die Erkrankung eines neugeborenen Säuglings erklären? Er kann ja seine eigene Krankheit durch ungelöste seelische Probleme kaum verursacht haben. Wie ist denn das zu erklären?

Diese Art von Krankheiten bei Säuglingen, Babys und Kindern sind meines Erachtens karmische Absprachen oder Auflösungen und haben nichts damit zu tun, dass die Krankheit in diesem kurzen Lebensabschnitt durch seelische Konflikte verursacht wurde. Hier kann Karma eine Rolle spielen, das Gesetz von Ursache und Wirkung, bei dem die Ursachen in früheren Leben zu suchen sind.

Aus ähnlichem Grund kann es geschehen, dass bei einem Erwachsenen eine Krankheit, die seinen Körper immer mehr angreift und ihm über kurz oder lang die Kraft zum Weiterleben entzieht, nicht geheilt werden kann. Für mich liegt die Erklärung nahe, dass sich unsere Seele vor der Geburt die wichtigen Konstellationen unseres Lebens aussucht, weil sie diese Erfahrungen braucht, um daran weiter wachsen und reifen zu können. Dagegen liegt es in unserer Entscheidung, wie wir mit diesen Erlebnissen umgehen, ob wir ständig darüber klagen oder diese für unser Menschsein als förderlich akzeptieren. Da wir unsere Lebensumstände weitgehend selbst bestimmen können, sind wir dem Schicksal nicht hilflos ausgeliefert. Nur ganz selten werden wir an die Grenzen unserer eigenen Entscheidungsfreiheit stoßen.

So kann es sein, dass sich eine Seele auch vorher dafür entschieden hat, sich bewusst auf das nahende Sterben des Körpers vorbereiten zu können, was in den meisten Fällen ein reifes Seelenalter voraussetzt.

Doch ich möchte mich hier stärker mit der Heilung beschäftigen, die wir selbst in diesem Leben beeinflussen können. Wir Menschen verfügen über eine heilende Kraft, denn unsere Seele ist verbunden mit der Kraft, aus der das Leben kommt und die den Körper heilt.

Jeder Mensch kann heilen oder auf einen anderen Menschen heilend einwirken. Nur die Intensität des Heilvorgangs ist unterschiedlich. Manche können durch Handauflegen Störungen im Energiekörper anderer Menschen aufspüren und damit den Energiefluss anregen, wieder andere haben einen höheren Heilauftrag. Ein Heiler ist sich im Klaren, dass auch er nur Werkzeug einer höheren Macht ist. Bei dem Heilvorgang lässt er Ströme von liebevoller Energie in den Körper des anderen einfließen.

Liebe ist die stärkste Heilkraft im Universum, stärker als jede Medizin. Ohne Liebe funktionieren wir nur. Es gibt statistische Untersuchungen, in denen festgestellt wurde, dass Menschen in liebevollen Beziehungen, die sich geachtet und anerkannt fühlen, weit weniger erkranken als Menschen, die in lieblosen Verhältnissen leben.

In einem meiner Seminare nahm eine Teilnehmerin zum Thema ›Krebs‹ Stellung: »Ich bekam die Diagnose ›Brustkrebs‹ und gebe zu, ich war schockiert! Dann aber traf ich auf eine Heilpraktikerin, die mir allen Ernstes sagte, ich solle diese Erkrankung als ein Gottesgeschenk ansehen! Krebs – Gottes Geschenk an mich? Eher glaubte ich ans Gegenteil!«

»Krebs wird ja nun mal als Geißel der Menschheit angesehen«, warf jemand ein.

»Genau! Nur, diese Frau sagte mir, dass mir die Erkrankung etwas sagen will. Und da nahm ich mir endlich Zeit für mich, kam zur Ruhe in meinem hektischen Alltag und begann, über mich nachzudenken. Wo war denn der Sinn meines Lebens? Was hatte ich außer einem gefüllten Bankkonto vorzuweisen? Lebte ich nur dafür, mir durch mein hohes Arbeitspensum die teuersten Kleider oder die besten Autos leisten zu können? Ich erkannte, welche Prioritäten ich bisher gesetzt hatte. Hektik, Stress, Karriere, Äußerlichkeiten! Und wo waren all die Qualitäten, die der Seele und damit auch dem Körper gut tun – wie Liebe, Harmonie, Lachen und Lebensfreude?«

Die Gruppe hörte aufmerksam zu, als die Teilnehmerin weitersprach: »Nach dieser Erkenntnis habe ich Tränen der Erleichterung geweint, so voller Dankbarkeit war ich plötzlich für dieses Zeichen meiner Seele. Ja, ich war dankbar für den Krebs, weil er mich hat aufwachen lassen, mich zur Veränderung gezwungen hat. Ich konnte mich damals entscheiden, mein Leben so fortzuführen, um damit meine Seele weiterem Druck auszusetzen – oder innezuhalten, aufzuwachen und eine Änderung vorzunehmen.«

»Und? Was hast du gemacht?«, wurde sie gefragt.

»Ich habe mich umgehend operieren lassen, denn der Tumor war schon sehr groß. Aber danach habe ich nur noch Dinge gemacht, die mir selbst gut taten.«

Sie erzählte, dass die Diagnose jetzt sieben Jahre her war, sie also klinisch als geheilt angesehen wurde.

Leben heißt, wieder von guter Energie durchströmt zu werden, damit unser materieller Körper uns hier auf der Erde als Werkzeug dienen kann. Immer wenn wir uns dem Licht und der Liebe öffnen, fließen Ströme von Energien durch all unsere Körperzellen und geben ihnen Lebenskraft. Wir fühlen uns gut, voll emotionaler und körperlicher Stärke, und unsere Aura strahlt vor Energie. Dadurch dass unsere Zellen so gut versorgt werden, bleiben sie viel länger leistungsfähig.

Verschließen wir uns dagegen dem Fluss des Lebens, das heißt den Einflüssen, die uns gut tun, so wird unser Leben immer mehr zum Kampf. Spuren innerer Unausgeglichenheit prägen sogar unser Aussehen.

Heilung kann erst dann eintreten, wenn wir die Ursache für eine Krankheit entdecken und bereit sind, diese Ursache aufzulösen. All die negativen Glaubensmuster wie Verbitterung, Groll oder Schuldzuweisungen hindern uns daran, wirklich geheilt zu werden und heil zu sein. In dem Moment, in dem wir uns ärgern, verringert sich sofort die Anzahl der roten Blutkörperchen, die Sauerstofftransporter unseres Körpers, wodurch unser Immunsystem geschwächt wird. Damit dürfte selbst für Menschen, die immer noch zweifeln, nachvollziehbar sein, dass zwischen einer liebevollen Einstellung und unserer Gesundheit ein direkter Zusammenhang besteht. So ist es die Liebe, die als höchste Schwingung im Universum Heilung und Gesundheit bewirkt.

Wenn wir die Menschen um uns herum als Teil von uns selbst, als Teil des ganzen Universums ansehen, dann wird uns klar, dass wir die anderen lebensnotwendig brauchen. Wir können nicht allein leben oder überleben! Liebe und Nähe sind Grundbedürfnisse, ohne deren Befriedigung wir krank werden oder sogar sterben.

Niemand kann ohne andere Menschen existieren, darum lasst uns doch dem anderen zeigen und sagen, wie wichtig er uns ist. Ob es sich um meine Familie, meine Mitarbeiter, die Leser meiner Bücher oder um die Teilnehmer meiner Seminare handelt – jeder ist mir unendlich wichtig! Und ich möchte hier einfach mal während des Schreibens dieses Buches meinen ganz tiefen Dank sagen für das Vertrauen, das ihr alle zu mir habt.

Danke!

Eine wissenschaftliche Studie an der Oxford University hat 2005 ganz deutlich gezeigt, dass regelmäßiger Körperkontakt lebensnotwendig ist. Ohne Tastsinn sterben wir! Wir können blind oder taub auf die Welt kommen, aber wenn der Tastsinn nicht funktioniert, sind wir nicht lebensfähig! Ist uns wirklich klar, was das bedeutet? Wo liegt denn wohl die schwierigere Aufgabe: bei den Menschen, die nicht gehen oder sehen können – oder bei den Menschen, die nicht fühlen, nicht lieben oder keine Nähe zulassen können?

Aufnahmen von Baby-Großhirnen zeigen ein wahres Neutronen-Blitzgewitter, wenn die Eltern mit ihrem Kind schmusen. Dann verschalten sich wie auf Knopfdruck Milliarden von Nervenzellen und bilden neue Netzwerke. Häufiger Körperkontakt macht Kinder kräftiger und klüger. Fehlt der Hautkontakt, hören Babys auf zu wachsen, die Intelligenz bleibt zurück, das Immunsystem ist schwächer. Berührungen sind also lebensnotwendig, weil dadurch das Hormon Oxytocin ausgeschüttet wird.

In den USA berühren sich die Menschen immer weniger, aus Angst, wegen sexueller Belästigung verklagt zu werden. Die Folgen sind zunehmende Gewalt und Aggressivität. Doch auch in Deutschland, England und Skandinavien ist Körperkontakt auf einem historischen Tiefststand.

Ich bin unendlich dankbar für das liebevolle Miteinander, das meine Teilnehmer auf den Seminaren erfahren. Berührungen bewirken nicht nur bei Babys viel, sondern haben generell einen starken Heileffekt.

Ein Arzt, der mein Seminar besuchte, nahm zu dem Thema Stellung: »Als Chirurg im Krankenhaus besuche ich abends vor der Operation immer meine Patienten, um sie kennenzulernen und mit ihnen zu sprechen. Während ich ihnen über die Operation Auskunft gebe, habe ich mir angewöhnt, die Hand der Patienten in meine Hand zu nehmen. Ihr glaubt gar nicht, was das ausmacht! Nicht nur ich, sondern auch meine Mitarbeiter haben das Gefühl, dass bei diesen Patienten weit weniger Komplikationen eintreten und sie eher nach Hause können.«

Auf die Frage eines anderen Teilnehmers, wie das wissenschaftlich zu erklären wäre, meinte er: »Ganz einfach – durch die Berührung entsteht ein Vertrauensverhältnis, Stresshormone reduzieren sich und das Immunsystem wird positiv beeinflusst.«

Berührungen bilden also Vertrauen und können die Heilung positiv beeinflussen. Unsere Seele füllt sich mit Liebe, und wenn ihre Bedürfnisse gestillt sind, verschwinden die Symptome, die sie als Hilferuf an unseren Körper gesendet hat.

Interessant ist, dass manche Menschen ihre Gesundheit aufs Spiel setzen, um Geld zu verdienen und es dann wieder ausgeben, um gesund zu werden. Sie jagen dem Geld hinterher, und kaum einer fragt sich, wie seine Seele eigentlich dazu steht. Stress, Bluthochdruck und Kopfschmerzen sind oft die Folgen eines solchen Lebens.

Ein Teilnehmer hatte unserem Büro mitgeteilt, er käme einen halben Tag später zum Seminar. Er wollte gern die Fahrt noch mit einem Geschäftsbesuch verbinden, weil ein wichtiger Geschäftspartner in der Nähe des Seminarortes wohnte.

Abends kam er völlig abgehetzt und noch voller Gedanken an die geschäftliche Verhandlung bei uns an. Und gleich warf er ein paar Pillen ein, weil er unerträgliche Kopfschmerzen hatte.

»Ich weiß gar nicht, woher das kommt«, brummte er, als wir später Zeit für ein paar persönliche Worte fanden.

»Willst du es wirklich wissen?«, fragte ich ihn.

Überrascht schaute er mich an, als ich fortfuhr: »Was sind Kopfschmerzen denn anders als angestaute Liebe? Energie, die nicht frei fließen kann, die sich staut, bis der Druck in Schmerz ausartet. Der Satz:

Schmerz ist der Schrei des Gewebes
nach fließender Energie

ist ein Grundthema der Traditionellen Chinesischen Medizin. Wo soll sie denn hin, deine Liebe? Wenn wir diese liebevolle Energie auf Dauer unterdrücken, dann kann das nicht nur zu Kopfschmerzen, sondern auch zu schweren Depressionen führen.«

»Und? Was kann ich dagegen tun, wenn niemand in meinem Umfeld ist, dem ich Liebe geben kann?«

»Dich erst einmal selbst lieben, etwas Gutes für dich selber tun, dir selbst erst einmal Ruhe gönnen. Dazu gibt es so viele weitere Möglichkeiten, zum Beispiel, für andere Menschen da zu sein. Liebe ist Hilfsbereitschaft, Freundlichkeit dem anderen gegenüber, ihm zuhören. Liebe kannst du schon dadurch fließen lassen, dass du irgendjemandem, der wichtig war für dein Leben, einen dankbaren Brief schreibst – einen Blumenstrauß sendest! Deine Liebe und Dankbarkeit fließen plötzlich! Sie fließen in deine Worte oder in deine Geste ein und verschaffen dir selbst ein tiefes gutes Gefühl. Spür mal, wie schnell dann die Kopfschmerzen verschwinden!«

Der Volksmund sagt es in ganz einfachen Worten: ›Er zerbricht sich den Kopf – er will mit dem Kopf durch die Wand gehen.‹ Jemand mit ständigen Kopfschmerzen sollte mal in sich gehen, ob er sich selber durch starken Ehrgeiz, Perfektionsdenken, Unduldsamkeit und Karrieredenken unter Druck setzt.

Sind wir dauernd verschnupft, dann fragen wir uns doch mal: Wovon oder von wem habe ich die Nase voll? Oder bei starken Ohrenbeschwerden: Was will ich von der äußeren Welt nicht mehr hören? Wem will ich nicht mehr gehorchen? Gehorsam kommt von Gehör. Bei Asthma beispielsweise liegt oftmals eine starke Mutterbindung vor, die zu Abhängigkeit und Unsicherheit führen kann. Bei Magenbeschwerden geschieht es oft, dass wir der Fähigkeit des Fühlens kaum Beachtung schenken. Damit muss unser Magen diese Funktion übernehmen und neben der Nahrung auch noch die seelische Nahrung verdauen, was ihn auf Dauer überlastet. Muskelverspannungen können auf nicht gelebte Gefühle hinweisen. Bei Schmerzen der Wirbelsäule sollten wir uns fragen, wer uns im Nacken oder im Rücken sitzt?

Ich möchte hier jedoch nicht so sehr in die einzelnen Symptomatiken eintauchen, sondern eher das Fazit beleuchten:

Für jedes Leiden gibt es eine seelische Ursache.

Es sind nicht die Ärzte, die heilen – nicht die Medikamente. Auch seriöse Heiler wissen, dass sie nur fähig sind, einem Menschen den *Impuls* zur Heilung zu vermitteln.

Wenn unsere Schulmediziner nicht mehr weiterwissen und das Wort ›unheilbar‹ aussprechen, dann heißt das für mich nur, dass die Wissenschaft mit ihren medizinischen Erkenntnissen nicht mehr weiterweiß – nicht jedoch Gott, das Prinzip der Liebe.

Ich habe große Hoffnung, dass unsere deutschen Mediziner öfter mal nach Zürich schauen. Dort ist es jetzt bereits in manchen Krankenhäusern üblich, dass ein Heiler hinzugezogen wird, wenn ein Patient für die Wissenschaft austherapiert ist. Und hierbei wird weniger der materielle Körper des Menschen beachtet als vielmehr seine Energieströme aktiviert, die Chakren. Das sind die Bereiche der Aura, die unseren feinstofflichen Körper mit allen nötigen Energien versorgen.

Auch das ist eine Voraussetzung für die Gesundheit oder die Heilung unseres materiellen Körpers.

Jedes dieser Chakren – man sagt auch Chakras – steht für bestimmte Bereiche der körperlichen Gesundheit sowie für die geistig-seelischen Empfindungsebenen. Störungen und Blockaden des Energieflusses können sich daher sowohl auf psychischer als auch auf physischer Ebene bemerkbar machen. Da beginnt die Arbeit des Bioenergetikers, im Energiekörper Blockaden aufzuspüren und die Energie wieder strömen zu lassen. Und dadurch bekommt auch der Körper wieder frische Lebenskraft.

Es ist der Geist, der unseren Körper heilt. Ein Arzt mag zwar die Operation ausführen, doch das Schöpferprinzip ist es, das die Heilung bewirkt. Die wahren Heiler aller Krankheiten sind also die natürlichen Heilkräfte in unserem Inneren.

Ein philippinischer Heiler wurde mal gefragt, wie es ihm gelänge, mit bloßen Händen in den Bauch eines Patienten zu greifen, um irgendwelche Gewebeteile herauszunehmen.

Seine spektakuläre Antwort lautete: »In erster Linie versuche ich, geistige Operationen bei Menschen durchzuführen, indem ich die Ursachen von Disharmonien und Krankheiten aufspüre. Die blutigen Rituale mache ich hauptsächlich für Europäer, die der Wissenschaft mehr trauen als sich selbst. Für die meisten meiner Landsleute genügt es dagegen, wenn ich für sie bete, damit sie danach geheilt werden können.«

Wir sind ja so wissenschaftsgläubig geworden, damit aufgewachsen, dass eine Operation oftmals gleichgesetzt wird mit Heilung! Sicherlich ist eine Operation oft ganz wichtig. Doch bevor Heilung eintreten kann, müssen wir zuerst einmal verstehen: Vorstellung schafft Wirklichkeit, das heißt, wir müssen erst mal wieder Mut und Hoffnung schöpfen, um damit die Angst zu überwinden und Heilung überhaupt für möglich zu halten. Nur auf diese Weise schaffen wir die Grundlagen für eine Veränderung.

Eine weitere Möglichkeit, die seelische Ursache für ein Symptom zu finden, liegt darin, mal selbst in sich hineinzuspüren. Bewusst können wir uns vielleicht gar nicht mehr an die Ursachen erinnern. Unbewusst haben wir die seelischen Belastungen und Verletzungen verdrängt. Irgendwann jedoch nimmt sich die Seele dann den Körper als Instrument, um darauf aufmerksam zu machen, dass ihre Wünsche völlig ignoriert werden.

Vielleicht hilft es schon, wenn wir uns mal die Zeit nehmen und in Gedanken ungefähr acht bis zwölf Monate vor Ausbruch der Krankheit, also des Symptoms, zurückgehen.

Möglicherweise stoßen wir auf etwas, was uns belastet oder verletzt hat, was wir aber irgendwie weggedrückt haben, sei es ein nicht verkrafteter Abschied oder eine andere Begebenheit, die ein Trauma ausgelöst hat. Wenn dieses Ereignis immer noch mit starken Gefühlen besetzt ist, könnte das vielleicht eine der Ursachen sein.

Gleichzeitig sollten wir diese Erfahrung als eine Möglichkeit der Vergebung annehmen; ein Wandel, der jetzt durch die Erkenntnis eingeleitet werden kann, dass uns alles im Leben fördern will. Darüber habe ich ja bereits im vorigen Kapitel geschrieben.

Sollten wir trotz tiefer Entspannung nicht an diese Traumata gelangen, so haben wir eine weitere Möglichkeit, die sehr wirksam ist. Wir verlassen den Weg der Selbstanalyse und beginnen, uns mit Liebe zu füllen. Wir beleuchten also nicht mehr das Problem, sondern legen den Fokus um und geben unsere ganze Energie in die Lösung hinein. Wie wir inzwischen wissen, lassen wir damit das Problem verhungern und füttern die Lösung. Und die kann in den meisten Fällen darin liegen, dass wir uns wieder vorstellen, gesund zu sein, nicht dauernd über Schmerzen oder Symptome reden, sondern jetzt gleich wieder in die Freude und die Dankbarkeit hineingehen, die wir empfinden, wenn wir uns in unserer Vorstellung wieder als geheilt ansehen.

Die Erfahrung, dass auch wir selbst andere verletzt und sie dann um Vergebung gebeten haben, macht es uns leichter, anderen zu vergeben. Damit kann in den meisten Fällen auch die Ursache für eine Heilung gesetzt werden, und es stellt sich die Bereitschaft zur Weiterentwicklung ein. Unsere Seele braucht das körperliche Symptom jetzt nicht mehr.

Lasst uns erkennen, wie groß unser Einfluss ist, durch liebevolles Verhalten, Vergebung oder auch das Erkennen unserer Lebensaufgabe eine Krankheit aufzulösen.

Lasst uns im Voraus bereits für unsere Heilung danken, damit unser Unterbewusstsein diesen Auftrag als erfüllt abhaken kann. Es ist wunderbar, wenn wir erkennen, wie sehr wir uns durch die folgenden Affirmationen mit Heilenergie anfüllen können:

Affirmationen Heilung

Ich bin dankbar für meine vollkommene Gesundheit
an Körper, Geist und Seele.

Ich sage Ja zu der äußeren Therapie,
wenn sie richtig für mich ist.
Gott führt mich zum richtigen Arzt.
In diesem Arzt sehe ich die Intelligenz schöpferischer
Allmacht zum Ausdruck kommen.
Großes Vertrauen verbindet mich mit ihm.
In völliger Harmonie erkennt er deutlich meine Situation.
Ich bin dankbar, dass er in Klarheit seine Diagnose stellt
und mir genau die richtige Therapie verordnet.

Jede Zelle meines Körpers ist erfüllt mit göttlicher Liebe.
Liebe heilt alles.

Vollkommene Gesundheit strömt jetzt
durch meinen gesamten Körper und heilt alle Zellen,
die Heilung erfahren dürfen.
Heilende Liebe erfüllt meine Seele und meinen Körper.

Meine gesamten Organe sind jetzt in vollkommener
Göttlicher Ordnung.

Mit jedem Tag geht es mir in jeder Beziehung
besser und besser.

Danke, Vater im Himmel, dass es so ist.

Eltern und Kinder

Viele Menschen stehen sich selbst im Weg, weil in ihnen das ewige Kind steckt. Mit ungefähr vier Jahren lernen wir Verhaltensweisen, die zwar für ein Kind hilfreich sind, aber nicht mehr für den Erwachsenen. Wir schummeln, schmollen, verstecken uns – und nehmen dieses Verhalten mit ins Erwachsenenleben.

Als Kinder haben wir jedoch keine andere Wahl, als uns durch die Gebote und Verbote unseres Umfeldes prägen zu lassen. Wir sind überzeugt, das Richtige zu tun, wenn wir den Geboten unserer Eltern folgen, ohne selbst beurteilen zu können, ob diese Gebote oder Verbote für unser Leben auch gut sind.

Viele von uns wünschen sich, dass unsere Eltern sich uns gegenüber anders verhalten hätten. Manchen wäre lieber gewesen, dass sie uns ihre Liebe in ganz anderer Form gezeigt hätten. Wenn wir uns in diesen Gedanken verstricken, sollten wir daran denken, dass unsere Eltern – gemessen an ihrer eigenen Lebenserfahrung – uns aus ihrer Sicht das Beste gegeben haben, auch wenn es von unserem Standpunkt her gesehen keineswegs das Beste war. Ganz gleich, wie wir groß geworden sind und ob wir das Gefühl haben, von unseren Eltern genügend Liebe bekommen zu haben oder nicht – die Wahrheit ist die: Erwarten wir bedingungslose Liebe, dann müssen wir auch selbst in der Lage sein, Liebe ohne Bedingungen zu geben.

Ich möchte hier gern einige Beispiele anführen, die deutlich machen, wie stark wir selbst als Erwachsene noch unter der vermeintlichen Ablehnung unserer Eltern leiden.

Ein naher Bekannter erzählte vor Kurzem, dass er den Kontakt zu seiner Mutter abgebrochen hätte.

»Und warum?«, fragte ich ihn.

»Als ich mich von meiner Frau trennen wollte, hätte ich meine Mutter ganz nötig gebraucht – für ein gutes Gespräch, für einen Rat. Sie aber griff nur meine Frau an, die sie vorher auch schon kaum akzeptiert hatte. Eigentlich hätte ich mich dadurch bestätigt fühlen können. Doch mir ging es eher um einen konstruktiven Vorschlag. Und dazu war sie überhaupt nicht bereit. Enttäuscht über ihre Einstellung, zog ich mich zurück.«

»Aber ich weiß ja, du hast die Trennung auch allein vollzogen, ohne die Unterstützung deiner Mutter.«

»Ja, das stimmt. Doch ich habe den Kontakt zu ihr abgebrochen, weil sie mich ganz allein gelassen hat mit meiner Entscheidung.«

Ich machte ihn liebevoll auf seine eigenen Worte aufmerksam. »Du sagst, du hast den Kontakt zu ihr abgebrochen, weil sie dich durch ihre Art dazu gebracht hat, *allein* deine Entscheidung zu treffen? Ich glaube eher, du hast damals nur jemanden gebraucht, den du hättest verantwortlich machen können, wenn deine Trennung ein Fehler gewesen wäre.«

Nachdenklich schwieg er eine Weile, ehe er antwortete: »Eigentlich stimmt das, was du sagst.«

Ich erklärte ihm, dass seine Mutter sich gar nicht anders

verhalten konnte und dass es seine Erwartungshaltung war, die enttäuscht wurde. Das Kind in ihm war verletzt und schrie nach Hilfe, weil es sich allein nicht entscheiden wollte. Durch ihr Verhalten jedoch hatte ihm seine Mutter unbewusst die Chance gegeben, diese für sein Leben so wichtige Entscheidung ganz allein zu treffen. Damit konnte er die Position des hilflosen Kindes verlassen und aus der Einstellung des Erwachsenen die Entscheidung treffen.

Dieses Gespräch war dann der Auslöser, dass er kurz danach seine Mutter mit einem Blumenstrauß besuchte, gerade noch rechtzeitig. Kurze Zeit später hätte sie ihn durch ihre fortschreitende Demenzerkrankung nicht mehr erkannt.

Oft höre ich: »Meine Eltern konnten mich nie in ihre Arme nehmen. Auch mir fällt das bei meinen Kindern sehr schwer. Ich kann ihnen nicht sagen, dass ich sie lieb habe, aber ich zeige es ihnen ja, indem ich für sie sorge, oder? Aber sagen? Das kann ich einfach nicht.«

Wir merken, dass sich hier ungewollt eine Energie aufbaut, die weder uns noch unseren Kindern gut tut. Vielleicht haben sogar unsere Großeltern schon Schwierigkeiten damit gehabt, weil auch sie so erzogen wurden. Wenn es unseren Eltern nicht gelungen ist, uns liebevoll in die Arme zu nehmen oder zu sagen, wie lieb sie uns haben, heißt das nicht, dass wir uns genauso verhalten müssen. Vielleicht wusste niemand von ihnen, was *wir* inzwischen wissen, denn in dem Maße, wie ich Nähe zu anderen geschehen lasse, komme ich mir selbst wieder nahe – meinen Gefühlen, meiner Seele!

Als junger Mensch urteilt man über die Eltern, empfindet sie oftmals als peinlich, bis uns dann schmerzlich bewusst wird, dass wir uns vielleicht in ein paar Jahrzehnten ähnlich verhalten.

So auch ein Teilnehmer, der mir in einem Einzelgespräch erzählte: »Vor ein paar Tagen las ich in der Zeitung eine Laudatio über meinen Vater. Er habe als Vorstandsmitglied eines großen Konzerns eine beeindruckende Karriere gemacht. Er sei stets auf der Gewinnerseite gewesen. Eigentlich könnte ich stolz auf ihn sein, doch alles, was ich für ihn empfinde, ist Mitleid. Mit keinem Wort wurde erwähnt, dass er seine Familie für die Karriere geopfert hat, dass er sich nur noch selten an meinen Geburtstag erinnert. Ich kann das verkraften, aber meinen Kindern will ich so was später nicht antun.«

»Okay«, antwortete ich, »das ist deine Meinung und auch deine Einstellung. Aber kann es nicht sein, dass er dir genau das Leben vorlebt, was du *nicht* leben möchtest? Damit du erkennen kannst, welche Werte dir im Leben wichtig sind? Ist vielleicht auch noch ein wenig das Gefühl dabei, nicht so erfolgreich zu sein wie er, vielleicht sogar in seinem Schatten zu stehen? Selbst, wenn du das Gefühl hast, dass *er* nicht stolz ist auf *dich*, auf deinen Weg, den du dir ausgesucht hast – sei du stolz auf *ihn*! Du bist, ob du es glaubst oder nicht, voll in der Vorwurfshaltung – du empfindest dich als Opfer! Du hast erkannt, dass du dein Leben nicht so führen möchtest wie dein Vater. Aber verurteile ihn nicht! Du lebst dein Leben nicht besser, sondern nur *anders*. Vielleicht hast du durch sein Vorbild überhaupt erst die Chance erkannt, dein Leben für dich stimmiger zu machen. Könntest du die ganze Sache nicht mal etwas souveräner betrachten? Könntest du nicht sagen: ›Danke, Vater! Du lebst *dein* Leben mit *deinen* Prioritäten – ich lebe *meins*! Ich höre jetzt auf, über dein Leben zu urteilen. Du hast dir ausgesucht, wie du leben willst. Ich suche es mir auch aus. Ich fühle mich wohl dabei, und ich wünsche dir von Herzen, dass du dich auch wohlfühlen kannst!«

Er sah mich nachdenklich an und fragte dann: »Du meinst, mein Verhalten ist sehr selbstgerecht?«

»Schön, dass du das selbst erkennst. Dein Einsatz für deine Familie ist anerkennenswert. Du lebst deinen Kindern vor, dass du für deine Familie da bist, und das ist gut so. Doch hier geht es um die grundsätzliche Vorwurfshaltung deinem Vater gegenüber. Wenn du dich nicht vollkommen davon freimachst, deinen Eltern irgendetwas vorzuwerfen, wird es in anderer Form durch deine Kinder wieder auf dich zurückfallen.«

»Wieso das?«

»Wir wollen immer alles richtig machen, die Fehler unserer Eltern nicht wiederholen, aber wenn wir die Vorwurfshaltung ihnen gegenüber nicht vollständig aufgeben, machen wir unbewusst andere Fehler, die unsere Kinder *uns* später vorwerfen. Lieben heißt, nicht be- oder verurteilen. Wenn wir das begreifen und das auch leben, dann wird unsere Toleranz wieder Vorbild für unsere Kinder sein. Für dich heißt das: Befrei dich aus der Opferhaltung – durchbrich diese negative Abfolge! Dann wirst du dich auch deinem Vater wieder annähern können.«

Sicher dürfen wir uns als Mensch das Recht herausnehmen, Vorwürfe zu machen, all die Ohnmacht des verletzten Kindes mal herauszuschreien. Doch auch hier liegen Lösung und Heilung darin, dem anderen zuzugestehen, sich so verhalten zu dürfen, wie er möchte. Das ist das, was unsere Seele will. Disharmonie und Verbitterung entstehen, wenn der Mensch aus dem verletzten Ego heraus handelt. Die Seele aber braucht genau diese Erfahrung der Toleranz, um weiterzukommen.

Jeder von uns hat das Göttliche Geburtsrecht der eigenen Entscheidung, sei es nun *für* oder auch *gegen* die Liebe. Doch Gott hat uns aus gutem Grund die Gebote der Liebe gegeben. Und jeder von uns sollte sich klarmachen, was als Folge dessen im Leben jedes Einzelnen geschieht, wenn er gegen diese Gebote verstößt. Wir werden die Konsequenzen unseres Handelns spüren. Und darin steckt auch wieder die Chance, neue Erkenntnisse und Erfahrungen für unser Leben zu sammeln.

Eine Teilnehmerin sagte mir in einem Gespräch: »Ein einziges Mal hat mein Vater mir gesagt, dass er mich lieb hat, aber konnte mir dabei nicht einmal in die Augen sehen. Trotzdem habe ich vor Rührung geweint, weil er das vorher noch nie gesagt und ich es mir so lange gewünscht hatte. Wir können über alles reden, nur nicht über unsere Gefühle. So gern würde ich ihm erzählen, wer ich bin, so gerne wissen, wer er ist. Aber wir schweigen, und ich bin mir nicht sicher, ob es ihm ähnlich geht und er sich auch nur nicht traut, mit mir darüber zu reden. Mein Vater ist schon alt. Ich weiß nicht, wie lange ich ihn noch habe und die Möglichkeit besteht, miteinander zu reden.«

Meine Antwort lag in einem Beispiel, wie ich persönlich eine etwas andere Situation gelöst hatte. Ich war ungefähr acht Jahre alt. Meine Mutter hatte erstmals während der Sommerferien eine Tätigkeit als Heimleiterin einer Kindergruppe für die Diakonie angenommen. Ich dagegen sollte in jenem Sommer in einem anderen Kinderferienlager meine Freizeit verbringen.

Kurz vorher war ich ›aufgeklärt‹ worden, das heißt, eine Schulfreundin hatte mir heimlich zugetragen, Babys würden halt nicht durch den Klapperstorch geliefert.

Bei den anderen gleichaltrigen Mädchen in meinem Zimmer glänzte ich nun mit meinem Geheimwissen – und erklärte ihnen mit Nachdruck, dass der Storch nun endgültig ausgedient hätte. Alle bekamen große Ohren.

Während ich diese Episode schreibe, fällt mir auf, dass ich schon im zarten Alter von acht Jahren unbewusst für meine spätere Tätigkeit als Seminarleiterin geübt haben muss, andere aufzuklären – nur damals mit mäßigem Erfolg! Die Resonanz hielt sich zugegebenermaßen in Grenzen. Denn weil die Geschichte so abenteuerlich klang und sie keiner glauben wollte, ging eines der Mädchen zur Heimleitung, um sich zu erkundigen, ob an dieser Story etwas dran wäre.

Kurzum – ich wurde gefeuert! Trotz meiner acht Jahre komplexer Lebenserfahrung wurde ich doch tatsächlich nach Hause geschickt! Das allein empfand ich schon als Schmach und Schande. Dass meine Mutter mich dann auch noch persönlich abholen musste, war für mich das Schlimmste überhaupt. Ich hatte das Gefühl, in ihren Augen kläglich versagt zu haben.

»Keine von uns beiden hat je darüber gesprochen«, erzählte ich der Teilnehmerin abschließend. »Dieses Gefühl stand so lange zwischen uns, bis ich mir als junge Frau dann endlich mal ein Herz nahm und diese Sache offen mit ihr besprach. Ich hatte inzwischen gelernt, dass ich die Situation nur verändern kann, wenn ich selbst beginne und nicht darauf warte, dass etwas vom anderen kommt. Manche Eltern können einfach nicht offen über ihre Gefühle reden.«

»Und was geschah dann?«, wollte sie wissen.

»Da kam alles raus. Meine Mutter sprach endlich auch über *ihre* Nöte und Ängste, wie stolz sie damals war, ohne dementsprechende Ausbildung sechs Wochen lang als Heimleiterin eingesetzt worden zu sein – und dann diese Schande mit ihrer eigenen Tochter im gleichen kirchlichen Verein! Außerdem war sie geradezu entsetzt gewesen, was ich da zum Besten gegeben hatte mit meinen zarten acht Jahren. Das Fazit dieses Gespräches war, dass wir beide zum Schluss dann herzlich lachen mussten – und das nach fast zwei Jahrzehnten! Damit war dann endlich der Bann zwischen uns gebrochen.«

»Ob das bei meinem Vater auch so klappt, bezweifle ich«, stellte sie infrage.

»Wenn du daran zweifelst, dann wird es auch nicht gehen«, gab ich zu bedenken. »Doch wenn du Frieden mit dir selbst haben willst, musst du Frieden mit deinem Vater schließen. Versuche mit ihm darüber zu reden. Reden bringt Klarheit, denn dabei kannst du auch über deine Bedürfnisse sprechen und abwarten, was er dazu sagt und dir *seine* Version dazu anhören – so wie es auch mir mit meiner Mutter ergangen ist. Vielleicht möchtest du ihm auch mal einen Brief schreiben. Dabei solltest du jeglichen Vorwurf weglassen, denn wenn du Worte der Liebe und Anerkennung findest, wird er diesen Brief immer wieder lesen. Versuche, dich dabei mal in seine Situation zu versetzen, geh mal auf ihn ein. Das schafft Nähe und Verständnis! Getrennt kommt ihr nicht weiter. Nur zusammen seid ihr stark genug, die Mauern zu zerstören, die euch von der inneren Freiheit trennen. Lieben heißt verzeihen, ohne es aussprechen zu müssen!«

Sobald wir erkennen, dass wir uns für diese Inkarnation

unsere Eltern mit all ihren Stärken und Schwächen ausgesucht haben, kann es uns nur besser gehen. Denn mit dieser Erkenntnis können wir einfach keine Vorwürfe oder Schuldzuweisungen mehr machen – egal, was auch immer geschehen sein mag. Wir müssen aus der kindlichen Position heraustreten und uns klarmachen, dass wir als Erwachsene in der Lage sind, die persönliche Verantwortung für unser Leben zu übernehmen.

Vor einiger Zeit erhielt ich von einer Teilnehmerin ein Zitat, das mich zum Schmunzeln brachte. Es war die Betrachtungsweise, wie wir als Kinder in verschiedenen Lebensphasen unsere Mütter sehen: Wenn wir 6 Jahre alt sind, weiß unsere Mutter alles. Mit 10 Jahren erkennen wir dann, dass die Mutter zumindest viel weiß.

Doch jetzt wird es spannend: Mit 15 glauben wir, so viel zu wissen wie unsere Mutter. Und mit 20? Da hat die Mutter nicht viel Ahnung – wir sind die Größten!

Mit 30 Jahren könnten wir ja mal unsere Mutter fragen, oder? Und mit 40 erkennen wir, dass die Mutter doch nicht auf den Kopf gefallen ist, um dann mit 50 Jahren endlich einzusehen – unsere Mutter hat doch alles gewusst!

Diese herrliche Lebensweisheit lässt uns wieder zu unserer heiteren Gelassenheit zurückfinden, wenn unsere Kinder im Alter, wo Mütter nicht viel Ahnung haben, mal wieder die Größten sind.

Über eine ganz besondere Situation berichtete eine Teilnehmerin in Österreich. Ihre 21-jährige Tochter hatte einen Suizidversuch verübt und kam daraufhin in psychiatrische

Behandlung. In der Therapie brach aus ihr heraus, dass ihr eigener Vater sie jahrelang missbraucht hätte.

Für die Mutter stürzte die Welt ein, sie war total geschockt. Ihr Mann stritt alles ab. Die belastende Aussage der Tochter wurde von mehreren Gutachtern überprüft und schließlich für wahr gehalten.

»Mein Mann, Gila«, so meine Teilnehmerin sehr gefasst, »wurde sogar verhaftet und saß länger als ein halbes Jahr in Untersuchungshaft. In der Zwischenzeit hatte sich meine Tochter auf Anraten ihres Psychologen eine eigene kleine Wohnung genommen. Das Schreckliche an der Situation ist: Mein Mann sagt, das Ganze sei niemals passiert und schwört, alles entspränge nur der Fantasie unserer Tochter, aus welchen Gründen auch immer. Vorher sind auch schon in ganz anderer Hinsicht Dinge geschehen, die sie sich ausgedacht hat. Ich liebe meinen Mann, und ich liebe meine Tochter – keinen von beiden möchte ich verlieren. Aber einer will mit dem anderen nichts mehr zu tun haben. Sie kommt nicht mehr nach Hause und will meinen Mann, ihren eigenen Vater, nicht mehr sehen. Und ich stehe dazwischen. Was kann ich nur tun, Gila?«

Ich musste erst einmal nach Worten suchen. Dann sagte ich ihr: »Puh, da hast du dir aber etwas ausgesucht für dieses Leben! Ich gebe zu, das ist eine enorme Herausforderung. Diese Konstellation erfordert eine ganz starke seelische Persönlichkeit. Doch das alles wäre dir sicherlich nicht widerfahren, wenn die geistige Welt dir nicht zutraute, diesen Konflikt zu lösen.«

Ich sagte ihr, dass in diesem Fall durchaus die Möglichkeit bestünde, niemals zu erfahren, was wirklich vorgefallen war. Und so könnte sie ihr ganzes Leben lang an der Aussage ihrer Tochter oder an der ihres Mannes zweifeln. Damit wäre ihr innerer Frieden auf Dauer gestört, obwohl sie selber ja nichts verursacht hätte.

»Hier stehst du inmitten eines Scherbenhaufens. Gefühle wie Wut, Verzweiflung, Versuche, den anderen zu entlarven, Zweifel, Misstrauen – alles kommt hoch! Das Mitleid der anderen wäre dir mehr als gewiss!«

»Meine Geschichte erzähle ich wirklich nur Menschen, von denen ich mir einen Rat erhoffe«, meinte sie.

Und deshalb gab es hier nur eine einzige Möglichkeit der Lösung: Dieser ganz besondere Fall zwang sie geradezu, die menschliche Perspektive zu verlassen, es ging nicht anders. Sie musste den Weg der Liebe und des Verständnisses gehen. Liebe für ihre beiden, für jeden auf seine Art, Verständnis für die Prozesse der einzelnen Seelen, die sie selbst hier mit irdischem Verständnis nicht begreifen konnte. Die spirituelle Perspektive war hier, dass sie, ihr Mann und ihre Tochter als Seelen bereits vor ihrem Erdenleben diese karmischen Verabredungen getroffen hatten, die nur mit Liebe und Verständnis aufgelöst werden konnten.

In der Liebe versinken und verlieren sich
alle Widersprüche des Lebens. Nur in der Liebe sind
Einheit und Zweiheit nicht in Widerstreit.

TAGORE

»Eine Kompromisslösung ist die, dass du in Zukunft deine Tochter in ihrer Wohnung besuchst, wenn sie nicht mehr zu euch kommen möchte. Du musst ihr aber auch klarmachen, dass du das nur tust, wenn sie weiterhin das Thema ›Vater‹ bei diesen Besuchen nicht mehr anspricht, um dich in deiner Kraft nicht zu schwächen. Du solltest in aller Klarheit mit deiner Tochter darüber reden und auch mal für deine Situation, in der du dich befindest, um Verständnis bitten.«

Wie ich später von der Teilnehmerin erfuhr, ist sie diesen Weg gegangen und dadurch eine sehr starke Persönlichkeit geworden.

Affirmationen Eltern und Kinder

Ich lasse meine Eltern in Liebe los
und habe immer mehr Verständnis für sie.

Ich vergebe und verzeihe meinen Eltern in Liebe alles,
weil auch ich möchte, dass man mir in Liebe verziehen hat.

Ich bin meinen Eltern dankbar, dass sie mir mein Leben hier
auf der Erde geschenkt haben,
und für alles, was sie für mich getan haben.

Ich weiß, dass ich mir als Seele meine Eltern
ausgesucht habe.
Deshalb übernehme ich jetzt gern
die volle Verantwortung für mein Leben.

Ich bin in Frieden mit mir und meiner ganzen Familie.

Ich bin eine starke und liebevolle Persönlichkeit.
Deshalb habe ich Verständnis für alle Zusammenhänge,
die zum Wachsen und Reifen meiner Seele geschehen.

Ich wähle jetzt gute Gedanken, die mir Liebe, Lebendigkeit
und geistiges Wachstum bringen.

Liebe ist das Licht, das mir den Göttlichen Weg zeigt.

Ich bin dankbar für meine heitere Gelassenheit
und dafür, dass ich in meinem Leben
den wahren Platz gefunden habe.

Beruf

Es ist ganz wichtig, dass wir uns in unserem Beruf oder an unserem Arbeitsplatz wohlfühlen, um in allen Bereichen unseres Lebens Ausgeglichenheit zu erfahren. Doch auch hier liegt die Entscheidung wieder bei uns.

»Natürlich möchte ich mich wohlfühlen«, werden wir sagen, »aber die anderen lassen mich einfach nicht. Dauernd tuscheln sie über mich, und wenn ich mal einen Fehler mache, dann schmieren sie mir das noch tagelang aufs Brot. Ich kann machen, was ich will, ich habe stets das Gefühl, dass mich die anderen nicht mögen. Müsste ich nicht dort arbeiten, dann würde ich es bestimmt nicht tun, aber es gibt ja kaum freie Stellen! Das macht alles keinen Spaß mehr.«

Kommen uns solche Worte bekannt vor? Wenn ja, dann scheinen wir mit unserer Arbeit oder unseren Kollegen ein Problem zu haben. Bei einer derartigen Einstellung darf es niemanden verwundern, wenn der Produktionsleiter, das Unterbewusstsein, nach dem schon bekannten Lust-Unlust-Prinzip den ›Chef‹ wirklich aus dem Verkehr zieht. Wir fühlen uns unfähig, unsere Arbeit auszuführen und werden krank! Obwohl niemand bewusst krank werden möchte, gelingt es dem Unterbewusstsein mit Leichtigkeit, unser Immunsystem durch Ärger, Jammer und negative Einstellung zu schwächen. Dabei wirkt wieder das Prinzip: ›Alles vermeiden, was Unlust verschafft«. Schon sind wir verschnupft und haben im wahrsten Sinne des Wortes die Nase voll.

Eine Teilnehmerin erzählte, dass sie stets viel Freude an ihrer Tätigkeit gehabt hätte. Seit vielen Jahren wäre sie in der Firma beschäftigt, sehr einsatzfreudig, und auch Überstunden hätten ihr kaum etwas ausgemacht.

»Dann aber bekam ich einen neuen Vorgesetzten, und aus irgendeinem Grund mochten wir beiden uns nicht. Es traten Spannungen zwischen uns auf, die auf Dauer sogar zunahmen. Nach und nach trat eine Veränderung meiner Einstellung ein, weniger zu meiner Tätigkeit als zu meinem beruflichen Umfeld. Ich spürte, dass ich nicht mehr so gern zur Arbeit ging und auch abends kaum abwarten konnte, dass endlich Feierabend war.«

Es ging ihr nicht gut dabei, und sie reagierte des Öfteren psychosomatisch (aus dem Griechischen: Psyche, die Seele, und Soma, der Körper). Wir wissen inzwischen: Bekommt die Seele in manchen Bereichen nicht genug Freiraum für ihre Entwicklung, dann nimmt sie sich unseren Körper als Ventil, um diesen Druck abzulassen. Durch Krankheit oder Schmerzen versucht sie, uns auf ihre Not aufmerksam zu machen.

So kam es dazu, dass die Teilnehmerin, die in den vorhergehenden Jahren nicht eine Stunde wegen Krankheit gefehlt hatte, jetzt mehrmals pro Jahr durch Grippe oder starke Rückenschmerzen ausfiel. Und obwohl sie nicht mehr gern dort arbeitete, waren ihr diese krankheitsbedingten Ausfälle äußerst unangenehm. Nachdem sie dann ein Jahr später durch einen Betriebsunfall auch noch einen Teil ihres Daumens eingebüßt hatte und längere Zeit ausfiel, erhielt sie sogar eine Abmahnung.

»Dabei konnte ich überhaupt nichts dafür«, meinte sie entschuldigend. »Ich habe mir weder durch die Grippe noch durch den Bandscheibenvorfall eine Auszeit nehmen wollen, geschweige denn, dass mir das Ganze meinen Daumen wert war.«

Ich fragte sie, wie sie selber diese Zeichen deutete. Sie überlegte einen Moment und meinte dann: »Dass ich mich dort nicht mehr wohlfühle, ist mir bewusst, aber was kann ich tun? Soll ich dort kündigen? Ich war doch immer gern dort!«

»Ich glaube, mit dieser Situation stehst du vor einer Herausforderung. Du hast jetzt zwei Möglichkeiten: Die eine ist, die Einstellung zu deinem Vorgesetzen zu verändern und damit wieder für Harmonie zu sorgen. Zeigt das auf Dauer dann nicht die erwünschte Wirkung, und es kommen weitere unangenehme Dinge auf dich zu, dann solltest du wirklich mal darüber nachdenken, ob deine Zeit in dieser Firma abgelaufen ist. Dann wartet bestimmt etwas Besseres auf dich. Du kennst doch den Satz: Warum soll ich mich mit dem Zweitbesten zufriedengeben, wenn das Beste auf mich wartet?

Aber versuche zunächst einmal, die Beweggründe für deine Ablehnung deinem Vorgesetzten gegenüber zu erforschen. Tust du das nicht, dann kannst du die Firma wechseln, so oft du willst, aber deine eigenen Muster werden dir immer wieder in anderer Form präsentiert, bis du diese Aufgabe gelöst hast. Was stört dich denn so an ihm?«

Daraufhin zählte sie seine verschiedenen Führungsschwächen auf, die sie manchmal auf die Palme brächten. Nachdem wir klären konnten, dass es nicht die Position war, die sie ihm nicht gönnte, machte ich ihr klar, dass all das, was sie an dem anderen verurteilte, bei ihr selber noch nicht geklärt sei.

Wenn ich andere verurteile, verurteile ich mich selbst.

Hätte sie diese Eigenschaften, die sie bei dem anderen störten, für sich schon erfolgreich gelöst, wäre sie mit Sicherheit viel toleranter und gelassener ihm gegenüber.

»Allein durch das innere Wissen«, riet ich ihr, »dass das Leben für den anderen ähnliche Lösungsmöglichkeiten bereithält wie für dich, könntest du seine Art viel eher mit heiterer Gelassenheit annehmen.«

»Meinst du, es liegt also nur an mir, etwas zu verändern?«

»Ja, schon. Freundlichkeiten sind wie spontane Geschenke, die wir dem anderen machen. Das mag anfangs vielleicht ungewohnt sein, aber wenn wir die Schwingung und damit die Stimmung verändern möchten, geht es nur auf diese Weise. Es ist doch so leicht, jemandem für seine Arbeit auch mal ein Kompliment zu machen, ihn mit irgendetwas zu überraschen und damit ein Lächeln auf das Gesicht des anderen zu zaubern. Wir säen Liebe und Freundlichkeit und ernten Harmonie. Wenn du deine Arbeit jedoch hasst, wird deine kreative Energie blockiert. Und wenn du das nicht änderst, wirst du auf Dauer keine Kraft mehr haben.«

Sie gab zu, dass sie sich im Moment sehr unmotiviert verhielt und ihn sogar ab und zu ganz bewusst ärgerte, um auch mal wieder ein Erfolgserlebnis zu haben.

»Aber wenn du dann spürst, dass nach und nach eine Veränderung eintritt, hast du den Schlüssel für ein angenehmes Miteinander gefunden. Das Leben gibt uns immer die

Chance, unseren Lebensweg und unsere Lernaufgabe zu erkennen.«

Das erscheint uns manchmal nicht ganz einfach. Doch wenn wir diese Aufgabe nicht akzeptieren, kann auch schon mal eine höhere Instanz nachhelfen – wir werden durch Krankheiten oder Unfälle von heute auf morgen völlig aus der Bahn geworfen. Und dann sagen wir resigniert: »Das war Schicksal.«

Natürlich ist es einfacher, andere für sein Schicksal verantwortlich zu machen, das habe ich vorher schon erwähnt. Doch ein Mensch, der dabei ist, seine Rolle als Mitschöpfer seines Lebens zu erkennen, muss auch bereit sein, sich den Fragen zu stellen: »Wo habe ich *meine* Aufgabe nicht erkannt? Wenn ich mir als Seele vorher die Qualität des Vergebens für mein Leben ausgesucht habe, wo habe ich dann bisher *nicht* vergeben? Muss ich nochmals solche Erfahrungen machen, damit ich es endlich lerne? Wo habe ich den Weg der Göttlichen Harmonie verlassen?«

Verschließen wir uns aber diesen Fragen und geben die Verantwortung ab, dann werden wir Zeichen bekommen, dass wir den Weg der Liebe verlassen haben. Sind wir immer noch nicht bereit, den liebevollen Weg zu gehen, dann kann es sein, dass als Folge dessen größere Schwierigkeiten entstehen. Muss das wirklich sein?

Lächelt doch mal wieder! Ein lächelndes Gesicht ist ein wirkungsvolles Mittel, um Frust, Stress und Ärger in allen Lebenslagen abzubauen. Bei viel Arbeit kann Stress auftreten, und hier bewirkt ein Lächeln geradezu Wunder! Statt scharf zurückzuätzen, jetzt mal versuchen, den Fokus zu verändern: *Lächeln!*

Ihr wisst doch: Lachen befreit, regt an und stellt den Kontakt zu anderen Menschen her. Selbst erfahrene Mediziner sagen, wer nichts zu lachen hat, ist anfälliger für Krankheiten. Wie oft besteht der erste Kontakt zwischen zwei Menschen in einem Lächeln! Wer in der Lage ist, sein angespanntes Ego mal zurückzustellen und anderen ein verständnisvolles Lächeln schenkt, wird mit Sicherheit mit einem Lächeln belohnt. Es hat immer eine positive Rückwirkung! Lächeln wir einen andern an, so lächelt er zurück. Lächeln ist die kürzeste Entfernung zwischen zwei Menschen! Nichts bringt mehr Zinsen als Lächeln und Freundlichkeit, dabei sind die Investitionskosten so gering!

Auch das Wort ›Danke‹ enthält eine ganz starke Schwingung! Und ich spüre immer wieder, was ich mit einer einfachen Dankesgeste bei meiner Familie und auch bei meinen Mitarbeitern bewirken kann. Denn Bezahlung entbindet nicht von der Verpflichtung zu danken. Vor allem im Beruf wird selten gedankt. Irgendwo ist da das Gefühl verankert: Warum soll man sich denn ständig bedanken, wenn die Mitarbeiter sowieso schon sehr gut bezahlt werden? Gerade als Vorgesetzter hat es eine starke Wirkung, für den Einsatz und die Leistung seiner Mitarbeiter zu danken. Es sollte selbstverständlich sein, das Wort ›Danke‹ oft zu benutzen.

In einem Seminar wurde die Frage gestellt: »Wenn ich mich aber dauernd beim anderen bedanke, könnte dann nicht der Verdacht aufkommen, dass ich selbst zu wenig kann oder leiste?«

»Nein, genau das Gegenteil ist der Fall. Ich gebe ja aus meinem gesunden Selbstwertgefühl Worte der Anerkennung, nicht aus einem Gefühl der Unterlegenheit. Zeige ich

Sympathie für den anderen, dann wecke ich bei ihm die gleichen Gefühle. Und wenn der andere etwas besser kann als ich, dann sollte ich ihm Anerkennung dafür geben, ohne dass mein Ego sich gekränkt fühlt. Was meint ihr, wie gut ihm das tut?«

*Gegen Angriffe können wir uns wehren.
Gegen Lob sind wir machtlos!*

Wenn ich beispielsweise am Montagmorgen nach einem Seminar kurz zur Besprechung ins Büro komme, stehen meine Mitarbeiterinnen schon Spalier, um mich eine nach der anderen ganz lieb in die Arme zu nehmen – auch eine wunderschöne Geste der Dankbarkeit! Ich weiß das natürlich schon vorher und freue mich darauf. Also, was geschieht? Ich baue in Gedanken eine liebevolle Schwingung auf und stelle mir meine Drei bereits vor. Und? Genauso tritt es ein!

Und was passiert, wenn wir keine Freude empfinden und dem Montag mit Grauen entgegenblicken? Ja, meine Lieben, inzwischen wissen sicher alle, die dieses Buch bis hierher gelesen haben: Vorstellung schafft Wirklichkeit!

Der aktive Weg, ausreichend Geld zu verdienen und damit unser Grundbedürfnis nach finanzieller Sicherheit zu befriedigen, besteht darin, über unseren Verstand im Außen zu handeln. Dagegen führt uns der innere Weg über unsere Anziehungskraft zu den passenden Lebensumständen. Beide Aspekte sind wichtig. Um ein bestimmtes Ziel zu verfolgen, müssen wir also *beide* Wege beschreiten. Unseren Verstand setzen wir ein, um zu analysieren, abzuwägen, zu entscheiden. Dadurch wird wieder vom ›Chef‹ der Auftrag zur Ausführung an den ›Produktionsleiter‹, das Unterbewusstsein, vermittelt. Und jetzt werden von dort alle Hebel in Bewegung gesetzt, Menschen und Ereignisse anzuziehen, die unseren Wünschen und Gefühlen entsprechen – wir werden quasi dorthin geschoben. Auch hier wirkt wieder das Lebensgesetz: Gleiches zieht Gleiches an.

Unser Sicherheitsbedürfnis kann jedoch nicht so weit gehen, dass wir jegliches Risiko ausschließen und nur das annehmen wollen, was in jeder Hinsicht absolut sicher erscheint. Setzen wir immer nur auf Sicherheit, dann verlernen wir, auf unsere innere Stimme zu hören, die uns den Weg zu unserem wahren Leben zeigen möchte. Sind wir dagegen bereit, auch mal ein Wagnis einzugehen, heißt das, uns selber und unserer schöpferischen Kraft zu vertrauen.

In diesem Zusammenhang fällt mir eine Situation ein, die mich selbst heute noch sehr berührt. Vor meiner ersten Auswanderung nach Kanada war ich seit Jahren äußerst erfolgreich in der Versicherungsbranche tätig. Aus bestimmten Gründen, über die ich in meinem Buch ›*... nicht heulen, Husky!*‹ ausführlich berichtet habe, bin ich direkt nach einem Meeting im August ausgewandert, habe dieses der Direktion aber erst einen Tag später durch einen Brief mitgeteilt. Das war nicht fair und hat dort vieles durcheinandergebracht. Gleichzeitig hatte ich durch diese ungewöhnliche Kündigung auf eine sehr hohe Erfolgsprämie verzichtet, die stets zum Jahresende ausgezahlt wurde.

Sechs Wochen später jedoch kehrte ich mit meiner kleinen Tochter reumütig nach Deutschland zurück und hatte den Mut, den Vorstandschef um meine alte Position zu bitten. Einerseits war bei diesem Gespräch deutlich spürbar, dass sein Vertrauen zu mir einen Knacks bekommen hatte, andererseits jedoch reizten ihn meine hohen Umsätze.

Da meine finanzielle Situation zu dem Zeitpunkt mehr als bedenklich war, fragte ich ihn schließlich vorsichtig, ob er die vergangenen sechs Wochen nicht einfach als Urlaub ansehen könnte. Damit wäre dann bei entsprechendem Neuumsatz bis zum Jahresende die Auszahlung der Jahresprämie gewährleistet gewesen. Er überlegte und bot mir dann als Kompromiss an, diese Prämie nicht zum Jahresende, sondern vorsichtshalber erst im Juni des darauffolgenden Jahres auszuzahlen. Damit war ich einverstanden, und wir hielten diesen Punkt schriftlich fest. Ab dem Moment arbeitete ich wieder mit altem Schwung und sehr erfolgreich für diese Firma.

Im darauffolgenden Januar, also vier Monate nach diesem Gespräch, wurde ich schwanger. Obwohl schwanger und allein erziehend erzielte ich nach wie vor Spitzenumsätze, und ganz langsam ging es mir dadurch finanziell wieder besser. Aber da ich mich nach meiner Rückkehr aus Kanada wieder komplett einrichten musste und die gesamte Familie von mir unterstützt wurde, blieb von meinem Einkommen nicht viel übrig. So war für mich der 30. Juni ein finanzieller Lichtblick.

Gut gelaunt fuhr ich an diesem Tag in die Direktion, um mir meinen wohlverdienten Scheck abzuholen. Der Verkaufsdirektor druckste etwas herum und teilte mir dann betreten mit, der Boss hätte entschieden, aufgrund meiner Schwangerschaft doch noch ein weiteres Jahr mit der fälligen Auszahlung zu warten. Daraufhin habe ich – zwei Monate vor der Geburt – ohne ein weiteres Wort meine Mappe auf den

Tisch gelegt und nie wieder einen Auftrag für diese Gesellschaft vermittelt.

Und nun komme ich zu dem eigentlichen Grund, warum ich diese Episode überhaupt erzähle:

Durch dieses Ereignis spürte ich tief in mir, meine Zeit hier war zu Ende, und kein Geld der Welt hätte daran etwas ändern können. Völlig geschockt, aber unendlich frei, weil ich mich nicht erpressbar gemacht hatte, wusste ich in dem Moment nicht, wie ich meine Kinder und mich überhaupt ernähren sollte, und trotzdem hatte ich entschieden: Hier ist endgültig Schluss!

Alle finanziellen Sicherheiten hatte ich durch diese Entscheidung aufgegeben. Nichts blieb mir mehr an Einkommen oder Ersparnissen. Dafür aber konnte ich mir aufrecht im Spiegel in die Augen schauen und sagen: Das war das Beste, was ich jetzt machen konnte!

Ich hatte alles gegeben, um das Vertrauen, das ich einmal missbraucht hatte, wiederherzustellen. Wenn mir dann jemand trotzdem weiterhin misstraut und sein Versprechen, ja, sogar einen Vertrag bricht, kann er auf Dauer nicht mehr mein Partner sein. So dachte ich zumindest damals in der Situation.

Als sich dann aber die Emotionen bei mir gelegt hatten, erkannte ich, dass ich selber durch mein unfaires Verhalten der heimlichen Auswanderung die Ursache für die Reaktion des Chefs gesetzt hatte. Auch ich hatte meinen Vertrag zuvor gebrochen. Sein Verhalten war also nur die Rückwirkung darauf, was ich vorher verursacht hatte.

Mit dieser Erkenntnis fiel es mir dann später leichter, all die guten Dinge, die sich während der langjährigen Zusammenarbeit ereignet haben, zu beleuchten. Es spricht auch für den Vorstandschef, dass er sich kurz darauf persönlich bei mir entschuldigte und mir die sofortige Auszahlung der Prämie anbot. Doch meine Entscheidung war gefallen.

Vielleicht war die gegenseitige Achtung voreinander auch einer der Gründe, dass sogar viele Jahre danach einzelne Verkaufsdirektionen dieses Unternehmens mit der Bitte an mich herantraten, als Seminarleiterin Motivationskurse für ihre Außendienstmitarbeiter zu leiten. Das habe ich mit großer Freude getan, und so schloss sich wieder der Kreis.

Jetzt mag aber die Frage aufkommen: Wie ging es damals weiter? Es musste doch Geld da sein, um drei Kinder zu versorgen, kurz vor der Geburt des vierten? Hochschwanger eine neue Stelle im Außendienst zu beginnen, war ja gar nicht möglich!

Ja, das war eine absolute Herausforderung, aber auch hier vertraute ich wieder meiner inneren Führung. Wagen wir, unserem inneren Impuls zu folgen, werden wir feststellen, dass wir immer Hilfe erhalten in Form eines Gedankenblitzes, einer Idee oder eines guten Gefühls.

Ich spürte in mich hinein und bekam die klare Antwort, ganz unspektakulär meine Hausbank um Hilfe zu bitten. Offen erklärte ich dort meine Situation, und die Bank half mir über die nächsten Monate hinweg mit einem Dispokredit.

Es ist jedoch wichtig, dass die Risiken, die wir eingehen, im richtigen Verhältnis zu unserer geistigen Entwicklung stehen. Sind wir gerade erst dabei, unsere innere Stimme zu entdecken, dann sollten wir es nicht gleich übertreiben und ein Millionengeschäft nur aus dem Bauch heraus abschließen. Hilfreich ist, zuerst mit kleinen Dingen zu beginnen und an den alltäglichen Ereignissen unsere Intuition zu schärfen.

Dann werden wir immer sicherer, und somit können wir auch – so wie ich – in manchen Situationen ganz klar die Botschaft wahrnehmen: Jetzt ist Schluss! Vertrauen lässt sich nicht kaufen!

Affirmationen Beruf

Ich arbeite in einer harmonischen und verständnisvollen
Atmosphäre. Ich empfinde tiefe Freude, weil ich ständig von
Harmonie und Gelassenheit durchdrungen bin.

Ich bin dankbar für meine Entscheidungsfreude,
die ich in großer Verantwortung für mein Umfeld lebe.
Meine Mitmenschen schätzen und achten meine Arbeit.

Ich stehe immer zu meinem Wort, und da meine eigene
Autorität ständig wächst, fühle ich mich wohl
mit der verantwortlichen Autorität anderer.

Ich lerne mit Leichtigkeit, und es fällt mir leicht,
alles aufzunehmen und mir zu merken.

Ich bin jederzeit in der Lage, meine Ideen
mit Begeisterung in der Firma einzubringen. Sie tun mir
selbst, den Mitarbeitern und den Kunden gut.

Ich bin dankbar, meine privaten und familiären Interessen
optimal mit meiner beruflichen Tätigkeit zu verbinden.

Ich bin dankbar für mein positives Bewusstsein. Von Tag zu
Tag fühle ich mich wohler an meiner Arbeitsstelle.

Durch meine Lebensfreude
und wachsende Harmoniebereitschaft verändert sich mein
gesamtes Umfeld zum Guten.

Lebensaufgabe

Wie bereits vorher erwähnt kommen wir auf diese Welt, um unsere Aufgabe im Leben zu erfüllen. Was heißt eigentlich Lebensaufgabe? Was steckt in diesem Wort? Richtig, das Wort Gabe! Viele suchen ihre Lebensaufgabe im Äußeren und spüren gar nicht, dass sie alles in sich tragen und dieses Potenzial nur noch entdecken müssen.

Kann es sein, dass viele unserer Tage nach folgendem Muster verlaufen: Wir stehen auf, frühstücken, verrichten unsere Arbeit, nehmen unser Abendessen ein, gucken Fernsehen oder lesen ein Buch und gehen dann schlafen? Wir haben doch Vorstellungen und Träume – was tun wir eigentlich, um sie uns zu erfüllen?

»Aber«, höre ich jetzt manchen sagen, »das *ist* doch das Leben!«

Ist es das wirklich? Warum leben wir? Rein zufällig? Sind wir eine Laune Gottes? Wohl kaum, unser Leben hat einen Sinn. Aber welchen? Wo liegt dieser Sinn?

»Ja, Gila«, mag jemand anführen, »bei dir ist das ja offensichtlich! Du leitest Seminare und schreibst Bücher. Aber wir? Wo liegt denn unsere Lebensaufgabe? Wie erkennen wir diese?«

Jeder von uns hat einen inneren Ratgeber, der uns durch unser ganzes Leben führt, der uns hilft und Vorschläge macht. Wir sollten auf seine leise Stimme achten, den zarten Regungen in uns nachgehen und uns Zeit für uns selbst nehmen. Wenn wir uns mit Arbeit vollpacken, von einem Termin zum nächsten hetzen – wie sollen wir dann in der Lage sein, diese innere Stimme zu vernehmen?

Jeder Mensch hat seine eigenen Talente und Begabungen. Wie oft hören oder lesen wir von Zeitgenossen, die ihre gut bezahlte Tätigkeit aufgegeben haben und dem Ruf ihrer Seele gefolgt sind! Sie haben gespürt, so geht es nicht weiter, waren unzufrieden, oder ihr Körper als Instrument ihrer Seele machte nicht mehr mit. Sie waren schließlich bereit für ihre Veränderung, haben in ihrem Leben eine Wende vollzogen und andere Werte für sich und ihr Leben erkannt. Industrielle, die alles erreicht haben, sind beispielsweise Heilpraktiker geworden, vielleicht auch, um die feinstoffliche Seite ihrer Existenz kennen zu lernen.

Ich treffe viele dieser Persönlichkeiten und weiß, dass sie inzwischen ein glückliches und ausgefülltes Leben führen. Sie konzentrieren sich nicht mehr nur auf die finanzielle Fülle.

Oft ist auf Anhieb nicht zu erkennen, wo uns unsere Seele hinführen möchte. Vielleicht sollen wir ja dahin kommen, all unser Sicherheitsdenken, das bisher auch Sinn machte, mal beiseite zu lassen! Vielleicht benötigen wir dafür aber auch etwas mehr Lebensreife! Deshalb hinterfragen wir manchmal auch erst in reiferen Jahren unsere Lebenseinstellung.

Jeder Mensch besitzt eine innere Stimme, auch Intuition genannt. Wenn wir sie anrufen, meldet sie sich durch Inspirationen oder Ideen und hilft uns, die Bedürfnisse unserer

Seele zu erkennen. Sie spricht nur sehr leise zu uns, aber sehr deutlich. Wir spüren sie, aber weil der Verstand mit seinen Argumenten oftmals dagegenspricht, sind wir uns gar nicht sicher, ob wir uns auf diese Stimme auch verlassen können.

Doch wir dürfen ihr vollends vertrauen, weil durch sie der Kontakt zu all unseren Seelengeschwistern in der geistigen Welt erfolgt, die uns helfen, unsere Lebensaufgabe hier auf Erden zu erkennen und auch zu erfüllen.

In meinen Seminaren gebe ich gern folgendes Beispiel, wenn die Frage nach der Lebensaufgabe gestellt wird:

»Stellt euch vor, ihr seid Besitzer einer großen Ölquelle – sie bringt so viel Zinsen, dass ihr monatlich über einen immensen Betrag verfügen könnt, der euch lebenslang bestens versorgt. Was würdet ihr dann mit eurem Leben machen?«

Die Antworten, die dann kommen, sind nachvollziehbar: Haus für die Familie, neue Einrichtung, neues Auto, Urlaub mit Freunden oder der ganzen Familie, vielleicht sogar eine Weltreise, den Beruf wechseln oder vielleicht ganz aufhören zu arbeiten, viel Gutes tun für andere!

»Jetzt nehmen wir mal an, das Haus ist gebaut, es ist geschmackvoll eingerichtet, das neue Auto steht vor der Tür, die Weltreise war ein absoluter Traum – viel gespendet habt ihr auch für andere. Und was nun? Der Alltag hat euch wieder, die angestauten Wünsche sind erfüllt, alles fließt. Und nun wiederhole ich meine Frage: Was wollt ihr *jetzt* mit eurer Lebensenergie anfangen? Wo wollt ihr hin mit euren Gaben und Talenten? Jetzt, wo alles Materielle im sicheren Bereich liegt – was fangt ihr nun an mit eurem Leben?«

Wenn wir diese Übung wirklich mal ernsthaft durchführen, fern von allem Sicherheitsdenken, und uns Zeit nehmen, die Augen zu schließen und in uns hineinzuspüren, dann kann uns diese leise Stimme sagen, wo uns das Leben hinführen möchte. Sobald wir spüren, dass Argumente oder Zweifel dagegensprechen, dürfen wir davon ausgehen, dass es unser Verstand ist, der sich hier zu Wort meldet. Der Verstand richtet seinen Fokus nur auf unser äußeres Leben, zum Erkennen unserer Lebensaufgabe jedoch kann er uns nur wenig helfen.

Es kann auch sein, dass wir plötzlich durch einen Schicksalsschlag aufgerüttelt werden und schlagartig andere Prioritäten setzen. Was vorher wichtig war, verliert an Bedeutung, und anderes erhält höchsten Vorrang.

Interessant ist auch, dass so mancher von uns im Leben Vollkommenheit anstrebt. Was heißt denn Vollkommenheit? Perfektion? Kann ein Mensch überhaupt ein perfektes Leben führen? Ich glaube nicht. Kann es nicht sein, dass gerade die Eigenschaften, die uns an uns selbst sehr stören, uns in den Augen anderer so liebenswert und menschlich machen?

In dem Moment, wo wir uns so akzeptieren, wie wir wirklich sind, in all unserer Unvollkommenheit, mit all unseren Schwächen, sind wir der Vollkommenheit am nächsten. Wenn wir wissen, dass wir von Gott immer geliebt sind, fällt der Druck von uns ab, eine Rolle spielen zu müssen. Die Kraft, die wir dafür benötigen, uns ins rechte Licht zu setzen, können wir viel sinnvoller dafür einsetzen, unserer Lebensaufgabe näherzukommen.

Stellt euch doch mal vor: *Jetzt* – in dieser Minute, in der ihr dieses Buch lest, durchflutet euch das warme lichtvolle

Gefühl der Liebe! Stellt euch vor: *Jeder* würde in diesem Moment zu euch sagen: ›Ich habe dich lieb‹ – jeder! Und jetzt haltet mal einen Moment inne, schließt eure Augen und spürt mal ganz tief in euch hinein. Empfindet ihr diese wunderbare Schwingung, die Echtheit, die Wahrhaftigkeit dieses Gefühls?

Sind wir von diesem tiefen Gefühl durchdrungen, dann begreifen wir auch, dass wir keine Rolle mehr spielen müssen, um geliebt zu sein. Leben heißt lieben. Diese Erkenntnis vermittelt uns die wunderbare Sicherheit, dass Gott uns so gewollt hat, wie wir sind, und nicht als vollkommene Wesen!

Schönheit kommt immer nur von innen. Wie wunderschön ist ein Mensch, dem man die Lebensfreude auch noch im hohen Alter ansehen kann! Aber auch Abgeklärtheit in jüngeren Jahren erzeugt eine ganz besondere Ausstrahlung.

Ich denke dabei an ein jüngeres Ehepaar, welches zusammen bei mir ein Seminar besuchte. In einem persönlichen Gespräch mit beiden erfuhr ich, dass der Mann Krebs hatte und sich bereits weitere Metastasen im ganzen Körper gebildet hatten. Es ging ihm trotzdem noch verhältnismäßig gut.

»Ich weiß, dass ich nicht mehr viel Zeit habe«, sagte er leise. »Seit Jahren habe ich gekämpft und mich nun damit abgefunden, dass meine Tage gezählt sind. Nach langer Auseinandersetzung mit der Krankheit ist es für mich und meine Familie jetzt in Ordnung. Wir haben Frieden geschlossen damit, dass ich bald gehen werde. Aus diesem Annehmen habe ich auch die Kraft, jetzt noch bei dir auf ein Seminar zu kommen.«

In seinen klaren Worten erkannte ich die Reife seiner seelischen Persönlichkeit. Wie ich vorher schon erwähnt habe, sucht sich eine reife Seele oftmals aus, ihr Erdenleben durch solch eine Krankheit zu beenden. Er hatte begriffen, der Tod ist nur das Ende der *Form*, unseres Körpers, aber nicht des *Inhalts*. So hatte er für sich das nahende Ende seines körperlichen Lebens akzeptiert und war bereit loszulassen.

Sehr gefasst rief mich seine Frau einige Zeit später an, um mir mitzuteilen, dass ihr Mann ins Licht gegangen sei.

»Gila, er ist so friedlich gegangen. Weißt du, zwei Jahre zuvor war er noch der größte Workaholic, den ich kannte. Unsere beiden Kinder und ich haben ihn kaum zu Gesicht bekommen. Er war ein absoluter Kopfmensch, während ich total in seinem Schatten stand. Erst durch seine Krankheit hat sich alles geändert, und ich wurde ihm sehr wichtig. Er war viel weicher und liebevoller zu uns, interessierte sich mehr für die geistig-seelischen Zusammenhänge. Und ganz zum Schluss, als er gar nicht mehr sprechen konnte, hat er nur noch dankbar meine Hand gehalten und wollte sie gar nicht mehr loslassen. Es war reine Liebe, die zwischen uns floss. So tiefe Gefühle des Friedens und des Einsseins haben wir noch nie füreinander empfunden! Und so konnte ich einen Sinn in seinem frühen Tod sehen.«

Die Aufgabe in seinem Leben war sicherlich die Erkenntnis, dass Liebe zu seiner Familie weit wichtiger war als Karriere und Machtdenken. Beides durfte er erleben. Für ihn war das Gehen von dieser Welt kein Misserfolg, sondern eine Folge dessen, was seine Seele in diesem Leben erfahren wollte. Er hatte damit seine Lebensaufgabe erkannt.

Bei unserer Lebensaufgabe sollten wir uns jedoch nicht an anderen orientieren oder messen. Sie muss nicht in fernen Ländern liegen, vielleicht wartet sie ja in unserem Dorf, vor unserer Haustür, in unserer Familie oder an unserer Arbeitsstelle auf uns. Sie kann in all den Bereichen liegen, die unter anderem in diesem Buch als Inhalte aufgeführt sind.

Um unserer Lebensaufgabe näher zu kommen, biete ich hier zur Unterstützung die folgenden Affirmationen an …

Affirmationen Lebensaufgabe

Dankbar erkenne ich meine besonderen Fähigkeiten
und Talente, die ich zu meinem Wohl
und zum Wohle aller einsetze. Dadurch fließt liebevolle
und finanzielle Fülle in mein Leben ein.

Ich bin reich an wertvollen Begabungen.

Ich bin dankbar, dass ich jederzeit auf meine Seele höre
und den Bedürfnissen meiner Seele
immer mehr Aufmerksamkeit schenke.

Während ich meine Lebensaufgabe mit Liebe erfülle,
fließen mir Liebe und Fülle in allen Bereichen zu.

Ich lebe in einer Welt innerer und äußerer Fülle und entwickle
mich stets weiter auf dem Weg zur Vollkommenheit.

Täglich erfahre ich wunderbare Veränderungen,
die mein Leben immer mehr bereichern.

Ich vertraue und folge meiner inneren Führung,
die auf die Liebe ausgerichtet ist.

Meine Lebensaufgabe besteht darin,
einen einzigartigen und besonderen Beitrag für die
Gemeinschaft der Menschen zu leisten.

Alles, was ich tue, trägt zu Licht und Liebe,
Harmonie und Freude für mich und andere bei.

Trauer und Loslassen

In unserer heutigen Gesellschaft verdrängen wir das Thema ›Tod‹. Wir sprechen über alles gern, aber nicht über den Tod. Das Leben ist uns vertrauter, es ist schön und kostbar, doch welchen Sinn soll der *Tod* haben? Am liebsten wären wir bis zuletzt topfit, um dann idealerweise im Schlaf den letzten Atemzug zu tun.

Nicht wenige Ärzte erfüllt es dagegen mit Stolz, das Leben eines sehr kranken Menschen um einige Tage zu verlängern, um damit sein Ende hinauszuzögern, egal um welchen Preis.

Ich möchte hier gern auch mal eine andere Seite beleuchten, indem ich die Frage einer Teilnehmerin anspreche. Ihr Mann hatte sich nach langer Ehe, die nicht immer sehr glücklich war, das Leben genommen. Dieses Ereignis hatte sie natürlich sehr belastet, und ihre Frage war nun, ob sie in irgendeiner Form Schuld an seinem Tod trüge. Wenn ein Mensch sein Leben hier auf Erden selbst beendet, stellt sich diese Frage bei fast allen Angehörigen.

»In aller Klarheit möchte ich dir sagen, dass du keine Schuld an dem Suizid deines Mannes trägst. Eine Seele entscheidet selbst darüber, wann sie gehen möchte, auch wenn uns das als Mensch nicht bewusst ist. Du solltest einen Sinn in dem Ereignis sehen und dich auf deine Qualitäten, Fähigkeiten und Freiheiten besinnen, statt dich nun mit Selbstvorwürfen zu quälen.«

Das war ein Gesichtspunkt, der sie sehr nachdenklich stimmte, und nach kurzem Schweigen antwortete sie: »All das hat während der letzten Jahre meiner Ehe brachgelegen. Es wäre zum Beispiel gar nicht möglich gewesen, auf eines deiner Seminare zu gehen. Das hätte nur Streit und Ärger mit ihm gegeben. Wenn ich mir das richtig überlege, dann muss ich zugeben, dass ich erst nach seinem Tod große Schritte in meiner eigenen Persönlichkeitsentwicklung habe machen können.«

»Könntest du vielleicht sogar noch einen Schritt weitergehen und seinen Tod unter der Perspektive sehen, dass die Seele deines Mannes dir diese Entwicklung überhaupt erst ermöglicht hat, indem sie den Körper verließ?«

»Dieser Gedanke ist mir noch gar nicht gekommen, denn ich habe immer nur gegrübelt, was ich damit zu tun haben könnte. Wenn ich jedoch jetzt darüber nachdenke und auch karmische Absprachen von Seelen im Jenseits für möglich halte, wie du uns das erklärt hast, muss ich sagen, dass dieser Aspekt sehr, sehr tröstlich für mich ist.«

Eine andere Teilnehmerin erzählte mir: »Als meine Mutter im Krankenhaus starb, war ich nicht bei ihr, ich war gerade nach Hause gefahren. Mir tut es so leid, und ich denke mit Schmerz daran, wie allein sie sich wohl gefühlt haben muss in ihren letzten Minuten. Das macht mir sehr zu schaffen.«

Ich antwortete ihr, dass ein Mensch auch Frieden haben kann, wenn er im Sterben allein ist. Die Seele weiß, was sie zu tun hat, auch wenn wir als Mensch hier auf Erden noch bleiben möchten. Sie fühlt, dass sie bald den Körper verlassen wird und braucht dann Ruhe und Besinnlichkeit für den Abschied. Wir dagegen glauben, dass ein Mensch friedlicher gehen kann, wenn er persönlich Abschied von allen Angehörigen genommen hat. Doch oft ist es so, dass dieser Mensch, der bald ins Licht gehen wird und jetzt Ruhe für sich selbst benötigt, von unserer Trauer und unseren Emotionen abgelenkt wird. Es kann sogar geschehen, dass seine letzte Energie noch unserem Abschiedsschmerz gilt, und er *uns* tröstet. Dadurch kann sein Sterben schwerer für ihn werden. Bei einem Menschen, der stirbt, ist die energetische Wahrnehmung besonders hoch. Wie jede Seele vor dem Beginn ihres Erdenlebens ihren Weg selbst bestimmt, sucht sie sich auch aus, wie sie ihren Körper verlassen will. Wie sich eine Hand aus dem Handschuh zurückzieht, verlässt die Lebensenergie unseren Körper, wenn der Tod eintritt.

»So hat deine Mutter deine Liebe und Fürsorge gespürt, auch ohne dich in ihrer letzten Stunde bei sich zu haben.«

Ich kann mich noch genau an den Tag erinnern, als meine Mutter starb. Sie hatte Krebs im Endstadium. Ich war verzweifelt, weil sie so starke Schmerzen hatte und weil wir wussten, dass sie bald gehen würde.

Obwohl ich damals noch sehr jung war und von all den wunderbaren Lebensgesetzen noch keine Ahnung hatte, wusste ich tief in meinem Inneren: Lieben heißt loslassen. Aber als junger Mensch, selbst so erzogen, dass man über den Tod nicht sprach, war ich damals nicht imstande, mit meiner Mutter über ihren nahenden Tod zu reden. Mit gespielter Fröhlichkeit machte ich ihr immer wieder Mut, um in ihr die Freude darüber zu wecken, bald wieder gesund zu

Hause zu sein. Ich konnte einfach nicht anders mit dem Thema umgehen und war deswegen nicht in der Lage, ein gutes Gespräch mit ihr über ihren wirklichen Zustand zu führen. Zu dem Zeitpunkt wusste ich aber nicht, dass sie dieses Spiel nur aus Liebe zu mir mitmachte und dadurch viel Kraft verbrauchte.

Dann starb meine Mutter. Als die Nachtschwester anrief, um uns die Nachricht zu überbringen, war meine erste Frage, wie sie denn gegangen sei.

»Ihre Mutter ist sehr ruhig eingeschlafen, ganz plötzlich. In den Nächten vorher hatten wir uns noch oft unterhalten, wie es wohl sei auf der anderen Seite.«

Total entgeistert von ihrer Aussage konnte ich ihre Worte gar nicht richtig aufnehmen. »Sie sagen, sie wusste, dass sie bald sterben würde?«

Jetzt war sie überrascht und fragte: »Hat sie mit *Ihnen* darüber denn nicht gesprochen?«

Ich verneinte und war sehr niedergeschlagen, nicht nur darüber, dass sie nun nicht mehr unter uns weilte, sondern auch, weil ich als ihre Tochter damals nicht in der Lage war, in aller Liebe so ein klares und gutes Gespräch mit ihr zu führen. Sie dagegen wollte mich offensichtlich schützen und hatte sich für ihre Fragen und Nöte die Nachtschwester ausgesucht.

Dieses Erlebnis hat mich sehr geprägt, und ich bin heute durch eigene Erfahrung besser in der Lage, Menschen in ähnlicher Situation in aller Klarheit zu signalisieren: Wenn du magst, dann sprich mit mir darüber! Hast du Fragen, dann frag mich! Ich kann dir nicht jede Frage beantworten, doch das, was ich glaube und durch inneres Wissen als wahr angenommen habe, kann ich dir als Impuls vermitteln. So ein Austausch kann nur tröstlich sein, weil das Leben Liebe ist!

Wer Angst vor dem Tod hat, hat Angst vor dem Leben!

Wir wissen nie, ob es nicht vielleicht das letzte Mal ist, die Stimme eines geliebten Menschen zu hören, und gehen einfach davon aus, dass alles beim Alten bleibt. Niemand von uns kann sicher sein, wieder heil und gesund heimzukommen. Wir nehmen es als selbstverständlich an. Niemand gibt uns die Sicherheit, dass eine Partnerschaft zwischen zwei Menschen ewig dauert. Jederzeit kann es geschehen, dass wir uns ungewollt von unserem Partner verabschieden müssen, sei es durch Trennung oder dadurch, dass unser Partner diese irdische Welt verlassen muss. Erst wenn so ein Fall eintritt, kommen all diese Gedanken hoch und tun uns unendlich weh. Wir sollten uns zu jeder Zeit so liebevoll verhalten, als sähen wir unsere Lieben das letzte Mal!

Bei einem plötzlichen Todesfall wird immer wieder gefragt: »Gibt es überhaupt einen Gott im Himmel? Ist er wirklich gut, gerecht und liebevoll? Warum hat er uns dann so bestraft? Sind wir nicht doch von Gott verlassen?«

Wir müssen endlich erkennen: Der Tod ist keine Strafe! Er gehört zum Leben, genauso wie das Leben zum Tod gehört. Jeder weiß es, aber keiner will es wahrhaben, wenn es so weit ist. Wir schwächen doch nur unsere gesamte Lebensenergie, wenn wir ständig Angst davor haben! Diese Energie brauchen wir dringend zum Leben! Erst, wenn wir bereit sind, den Tod als Nachhausegehen anzunehmen, dann beginnen

Lebenskraft und Lebensfreude zu wachsen, wie bei einer Pflanze, die vertrauensvoll aus der Erde schießt und einfach Sonne und Regen für ihr Wachstum voraussetzt.

Ich habe lange überlegt, ob ich den folgenden Brief, den ich von einer Leserin meiner Bücher erhielt, veröffentlichen soll, weil ich nicht den Eindruck erwecken möchte, hier meine Bücher hervorzuheben.

Es geht mir ausschließlich darum, dass wir wieder eines klar erkennen: Unsere Glaubensinhalte sind prägend für unsere Lebensumstände, und die Hinwendung zum Licht und zur Liebe bewirkt wunderbare Veränderungen in unserem Leben, wenn wir bereit sind, die Dunkelheit zu verlassen. Dunkelheit an sich gibt es nicht – sie ist nur die Abwesenheit von Licht. Hadern wir mit unserem Schicksal, dann wird unser Leben uns immer schwer vorkommen. Akzeptieren wir jedoch, was uns widerfährt, dann ertragen wir es leichter.

Unendlich dankbar und berührt war ich von ihren Worten. Ich habe sie daraufhin angerufen und gebeten, diesen Brief veröffentlichen zu dürfen.

»Es ist mir eine Ehre«, war ihre liebe Antwort, »weil ich anderen, die in der gleichen Lage sind, damit helfen möchte.«

Sie schrieb mir:

Liebe Gila,
vorab bin ich froh, auf Sie gestoßen zu sein. Meine Tochter verstarb neun Monate zuvor direkt nach der Geburt. Es war bis jetzt eine sehr schwere Zeit. Ich kam mit dem Erlebten nicht wirklich klar, wurde sehr aggressiv und wütend auf jeden. Immerzu wurde ich von Weinkrämpfen überfallen, meistens eher unerwar-

tet aus dem Nichts heraus. Trotz meines Glaubens an das Jenseits, dass wir uns wiedersehen, unser Weg von uns selber vorherbestimmt ist – trotzdem fand ich keinen Trost. Ich kaufte mir auf Empfehlung das Buch ›Mutter Erde, trage mich‹. Seit Langem lag es bei mir auf dem Nachttisch, anscheinend war ich nicht so weit, es zu lesen. Ich war auch in Psychotherapie, und am schlimmsten war die Schlaflosigkeit. Nacht für Nacht lag ich immer wach und konnte einfach nicht schlafen.

Nun hatte ich endlich die Kraft, Ihr Buch zu lesen. Ich habe geweint und gleichzeitig vor Freude gelacht. Sie glauben es mir vielleicht nicht, aber irgendwie ist in mir der Knoten geplatzt. Ich hatte das Buch noch nicht einmal durch, als ich seit acht Monaten das erste Mal durchgeschlafen habe. Ich konnte es selber nicht fassen, dachte, das war eher Zufall, aber dann kam die nächste und nächste und nächste Nacht. Seitdem ich Ihr Buch gelesen habe, schlafe ich wieder. Ich habe durch Ihr Buch meine Tochter wirklich gehen lassen können. Ich habe sie mit viel Liebe gehen lassen und mit einer inneren Ruhe und Zufriedenheit, wie ich sie vorher nie gespürt habe. Sicherlich ist mein Herz noch etwas schwermütig, wenn ich daran zurückdenke, aber alles kommt, wie es kommt, und ich stelle mir nicht mehr die Frage, welchen Sinn ihr Tod hatte, nein – so wie Sie in Ihrem Buch schreiben, welchen Sinn hatte ihre kurze Zeit bei uns!

Ich wollte das einfach mal loswerden, und Sie werden mich sicherlich irgendwann auf einem Ihrer Seminare sehen! Bis dahin verabschiede ich mich, fühlen Sie sich gedrückt.

Ana M.

Danke, Ana!

Es heißt, wenn wir einen Menschen nicht loslassen können, dann lieben wir ihn nicht. Obwohl ich diesen Satz voll unterstreichen kann, sehe ich auch die Prozesse, die erst einmal durchlaufen werden müssen, um überhaupt zu dieser Erkenntnis zu gelangen.

Mir erging es ähnlich, als meine Freundin Reni plötzlich starb. Fast zehn Jahre lang war sie als Freundin an meiner Seite. Viele Seminarteilnehmer kennen und lieben sie, und auch meinen Lesern ist sie aus einigen meiner Bücher vertraut. Wir wollten gerade zusammen einen Kurzurlaub nach Zürich antreten, als sie mich anrief und mir mitteilte, sie habe die Diagnose ›Akute Leukämie‹ erhalten. Zürich haben wir dann abgesagt und uns stattdessen sofort nach alternativen Heilmethoden umgesehen.

Ich machte umgehend einen Termin bei einer Heilpraktikerin, die sich auf diese Fälle spezialisiert hatte. Gleichzeitig bekam Reni durch ihre Ärztin in Berlin die Möglichkeit, an einem Programm der José-Carreras-Stiftung teilzunehmen, bei dem sie zweimal pro Woche ambulant im Krankenhaus mit verzögernden Medikamenten behandelt wurde. Als Dankeschön hat Reni dann später José Carreras bei einem Besuch mein Mutter-Erde-Buch, das auch in Spanisch erschienen ist, überreicht.

Und doch war Renis Zeit hier auf Erden abgelaufen. Ihre Seele wusste, was sie tat, als sie ungefähr ein Jahr nach der Diagnose ins Licht ging.

Als ich diese Nachricht erhielt, war auch ich einfach nur sprachlos und traurig. Ich spürte, dass meine Welt ein wenig leerer geworden war. Ihre Stimme, ich höre sie nach wie vor, sehe und höre ihr verschmitztes Lachen! Es macht mich einfach traurig, daran zu denken, dass ich diese Stimme und dieses Lachen nur noch in der Erinnerung höre. Und Trauer darf auch sein, wenn jemand geht, nicht nur bei mir, sondern bei jedem anderen auch!

Ganz allmählich jedoch kehren dann wieder Friede und Zuversicht in unser Herz ein – mit der tiefen Erkenntnis, dass unsere Lieben ja nur ihren Körper verlassen haben. Sie als ganzheitliche Persönlichkeiten sind ja nicht gestorben, sondern haben nur ihr Körperkleid abgelegt. Eine Hilfe ist vielleicht die Vorstellung, dass wir zusammen in Urlaub gefahren sind und einer einfach nur eher nach Hause gefahren ist. Unsere Lieben sind nur vorausgegangen, wir kommen ja irgendwann nach!

Doch wenn wir ganz still werden und sie darum bitten, haben sie die Möglichkeit, Kontakt zu uns aufzunehmen. Immer wieder mache ich diese Erfahrung auf meinen Seminaren, wenn Teilnehmer glücklich über solche überraschenden Kontakte berichten, zum Beispiel während einer Meditation.

Bei sich zu Hause sind sie meistens noch in ihren Erinnerungen und Gefühlen gefangen. Auf einem Seminar jedoch zusammen mit anderen Menschen werden sie von ihrer Trauer ein wenig abgelenkt und kommen zur Ruhe.

Und ganz plötzlich in einer Meditation geschieht es dann, dass sich ein Mensch, der vorausgegangen ist, zeigt oder mit einer Botschaft meldet. Bisher enthielt diese Botschaft immer die Aussage, dass es ihm dort, wo er jetzt ist, sehr gut geht und er sich dort sehr wohlfühlt.

Eine wunderschöne Geschichte möchte ich berichten, die trotz aller Trauer froh stimmt. In meinem Buch ›... *aus einem kleinen Samenkorn*‹ habe ich eine nette Episode über die Bekanntschaft zu Monika und Wolfgang geschrieben.

Wolfgang starb ganz plötzlich kurz nach dem Erscheinen des zuvor genannten Buches. Verständlicherweise war Monika sehr geschockt und suchte Trost und Rat bei uns.

»Gila, wo ist er jetzt? Wenn ich doch bloß ein Zeichen bekäme, dass es ihn als Persönlichkeit noch gibt! Seinen Körper haben wir beerdigt, aber wo ist Wolfgang?«

Nachdem ich ihr geraten hatte, abends beim Einschlafen um ein Zeichen zu bitten, passierte Folgendes. Monika, die bei jedem der vorangegangenen Telefonate und Besuche nur geweint hatte, war kaum wiederzuerkennen, als sie mich am Neujahrstag anrief:

»Gila, stell dir vor, was passiert ist!«, rief sie glücklich. »Du weißt ja, dass unsere Tochter Susanne Tierärztin in Island ist und bereits seit fünf Wochen wegen Wolfgangs Tod hier bei mir ist. Um sich abzulenken, hat sie Silvester ein Fernsehquiz gesehen, bei dem man per Handynummer mitspielen konnte. Sie hat dann für drei Personen mitgemacht und dafür meine, ihre und Wolfgangs Handynummer angegeben. Wolfgangs Handy sollte Silvester um Mitternacht abgeschaltet werden, da der Vertrag gekündigt war. Gila, was meinst du – Silvesterabend klingelt es auf Wolfgangs Handy, und Susanne hatte doch wahrhaftig 5000 Euro gewonnen! Das war ganz klar Wolfgang! Für so etwas war er immer zu haben! Ich bin ja so glücklich! Gila, wann immer du ein neues Buch schreibst, darfst du diese Geschichte gerne erwähnen, weil sie mir so viel Trost gibt und andern sicherlich auch.«

Ich fand das wunderbar! Manche mögen es Zufall nennen, ich aber nehme es als ganz klares Zeichen, dass Wolfgang über seine Handynummer aus dem Jenseits Monika zeigte, eine Seele stirbt niemals! Zudem hatte er auch noch nach dem Gesetz des Ausgleichs für seine Tochter Susanne gesorgt, die in Island alles stehen und liegen lassen hatte, um für ihre Mutter da zu sein.

Es gibt viele übereinstimmende mediale Durchsagen, dass die ins Licht gegangene Persönlichkeit die ersten Wochen und Monate mit ihrer Energie häufig noch bei ihren Angehörigen weilt. Wie oft hören wir von Hinterbliebenen, dass sich plötzlich ganz seltsame Dinge ereignen, die rational nicht erklärbar sind, wie zum Beispiel dieser Gewinn über die Handynummer.

Und selbst im Traum erhalten wir öfter Zeichen oder auch Botschaften. Lasst uns diese Ereignisse in Liebe annehmen. Ein Mensch, der gestorben ist, spürt sich nach wie vor als er selbst, auch wenn er sein Körperkleid abgelegt hat. Durch seine Zeichen will er uns keine Angst machen, sondern vielmehr zeigen, dass wir an sein Weiterleben glauben können, so wie auch er inzwischen erfahren durfte, dass es keinen Tod gibt.

Ich bin müde geworden –
meine Augen haben viel gesehen –
meine Ohren haben viel gehört –
es wurde Zeit, dort hinzugehen –
wo ich alles besser verstehe.

Affirmationen Trauer und Loslassen

Ich lasse … (Name) in Liebe los und weiß,
dass wir uns wiedersehen,
wenn ich einmal selbst nach Hause gehen darf.

Ich bin dankbar, dass Liebe und Licht … jetzt umhüllen.
… wird auf seinem Weg sicher geführt.

Ich bin dankbar für die Erkenntnis, dass ich … rufen kann,
und weiß, dass … immer da ist und mich hört.

Neue gute Erkenntnisse lassen mich ganz ruhig werden.
Ich lerne, tröstende und aufbauende Gedanken
in mein Bewusstsein zu lassen.

Ich glaube an die Unendlichkeit des Lebens.
Es ist alles gut, und alles verläuft nach einem
vollkommenen Lebensplan für mich und meine Familie.

Vor mir liegt ein neuer Weg des Loslassens.

Ich lasse leicht los und vertraue darauf,
dass schon bald wieder tiefe Freude, Dankbarkeit
und Lebensfreude in mein Leben treten.
Tiefer Frieden kehrt in mich ein.

Ich wähle Lebendigkeit und geistiges Wachstum
für mein Leben.

Engel, unsere himmlischen Helfer

In den vergangenen Jahren wurde viel über Engel geschrieben, über ihre Dienste am Menschen, und sie bekamen wieder mehr Aufmerksamkeit von uns. Berichte über Begegnungen mit Engeln werden immer häufiger.

Kontakt zu Engeln aufnehmen heißt, wieder die Gefühle zu unserem eigentlichen Göttlichen Kern spüren zu wollen. Viele von uns kommen durch die Hektik und den Stress in ihrem Leben ja überhaupt erst wieder dahin, Begegnungen mit Engeln für möglich zu halten oder sie zu spüren. In einer Zeit, wo die technische und rationale Entwicklung immer rasanter fortschreitet, sehnen wir uns einfach wieder nach dem Gefühl von Sanftheit, Ruhe und vor allem nach Liebe.

Vor Jahren wurde der eine oder andere noch schief angesehen, wenn er darüber sprach, dass er mit seinen Engeln kommunizierte. Vor Kurzem erzählte mir sogar ein Handwerksmeister ganz freimütig bei seiner Arbeit, dass er jeden Morgen eine Engelkarte zieht.

»Ich nehme das sehr ernst«, meinte er, »und habe Vertrauen zu meinen Engeln. Meine Frau hat mir das vorgemacht, und bei ihr hat immer alles gestimmt. Jetzt mache ich das auch – und der Tag beginnt gut! Ich bitte meine Engel einfach um Mithilfe, dass alles klappt mit meiner Arbeit und alle Kunden zufrieden sind. Dann bin ich es nämlich auch!«

Als ich vor einiger Zeit einen Arzt aufsuchte und er sich für ein Gespräch mit mir besonders viel Zeit nahm, schenkte ich ihm zum Abschied meine Engel-Entscheidungskarten ›*Frage deine Engel*‹.

Erstaunt sah er mich an und fragte dann: »Woher wissen Sie, dass Engel meine täglichen Begleiter sind? Für mich als Arzt mag es zwar ungewöhnlich sein, aber ich bitte bei jeder größeren Entscheidung meine Engel um Hilfe. Ich spreche jedoch nur mit denjenigen darüber, die dafür Verständnis haben. Und es werden immer mehr. Oft ärgern wir uns über etwas, was uns nicht gefällt, ohne vielleicht zu wissen, dass unsere Engel dahinterstecken.«

Das gibt mir ein sicheres Gefühl, bei diesem Mediziner gut aufgehoben zu sein, wenn ich wirklich mal einen Rat oder seine Hilfe brauche. Wir haben die Wahl: Wir können uns ärgern über ein vermeintliches Pech oder dankbar sein und uns fragen, ob uns vielleicht ein Engel vor einem noch schlimmeren Ereignis bewahrt hat!

Immer wenn ich zu einem Seminar fahre, bitte ich vorher meine Engel um ihren Engelschutz für das Seminar. Ich bitte auch darum, dass ich freie und gute Fahrt habe, heil am Seminarort ankomme und auch wieder heil zu Hause lande.

So war ich wieder mal mit dem Auto unterwegs, als sich unmittelbar vor mir ein schwerer Unfall ereignete. Ein Kleinwagen fuhr direkt unter einen bremsenden LKW. Es knirschte und krachte entsetzlich. Ich bekam einen furchtbaren Schrecken und machte eine Vollbremsung. Mein Herz klopfte bis zum Hals, als ich zusammen mit einer nachfolgenden Fahrerin, einer Ärztin, wie sich später herausstellte, an der Leitplanke entlang zu dem verunglückten PKW lief. Wie ein großes V war er von dem LKW zusammengedrückt worden.

Beide versuchten wir, die Fahrertür mit kräftigem Ziehen zu öffnen, was uns erstaunlicherweise auch gelang. Eine junge Frau saß blutüberströmt auf dem Fahrersitz, war aber ansprechbar. Da sie nur am Kopf verletzt war, zogen wir sie ganz vorsichtig heraus und brachten sie in Sicherheit. Glücklicherweise saß sie allein im Auto, denn die Beifahrerseite unter dem LKW war völlig zerquetscht.

Während ich die Polizei alarmierte, kümmerte sich die Ärztin um die Kopfverletzungen. Ich hielt die verletzte junge Frau in den Armen und sagte: »Sie haben einen wunderbaren Schutzengel gehabt. Dass Sie überhaupt überlebt haben in dem Auto …!«

Sie zitterte und schaute mich mit großen Augen an. »Woher wissen Sie das?«

»Was?«

»Das mit dem Engel? Ich habe ihn wirklich gesehen, den Engel – ich habe ihn gesehen! Der LKW machte eine Vollbremsung – und ich habe nur den Engel gesehen und gar nichts gespürt!«

Was für ein wunderbares Erlebnis! Wir waren alle so dankbar, dass sie offensichtlich nur eine Kopfwunde davongetragen hatte, die sie aufgrund ihres Schocks kaum wahrzunehmen schien. Doch dann sah sie ihr Auto. »Mein neues Auto, mein neues Auto!«, jammerte sie.

»Ihr Auto ist jetzt gar nicht wichtig. Es hätte weit Schlimmeres passieren können! So ein schwerer Unfall – und so ein großes Glück!«

»Ja«, sagte sie etwas beschämt, »das stimmt! Ich bin wirklich dankbar, dass mir kaum etwas passiert ist. Und dass ich den Engel sehen durfte, ist für mich wie ein Wunder! Ich kann es noch gar nicht glauben!«

Wir können diesen Unfall vom Verstand her beleuchten, dann kommen uns Gedanken wie Verletzung, Schmerzen, Ärger, Kosten, Verspätung, Schock, Totalschaden – oder wir können ihn mal mit den Augen unserer Engel sehen. Und das heißt, das Auto als materieller Schaden ist ersetzbar, aber dieser Mensch wurde behütet, weil seine Seele noch einen wunderbaren Auftrag in dieser Welt zu erfüllen hat.

Das ist auch eins der Themen meiner Engelseminare. Immer wieder werde ich von Interessenten gefragt, was denn in so einem Engelseminar passiert.

»Engel können wir nicht erklären, wir erleben und erfahren ihre Liebe in so einem Seminar, in dem Menschen zusammenkommen, um die Kraft der Engel, ihren Schutz und ihre Präsenz zu erleben. Sie geben uns ein Gefühl der absoluten Liebe.«

Manche Menschen sagen, es gäbe keine Beweise dafür, dass Engel existieren. Gibt es denn Beweise, dass Liebe existiert? Und doch gibt es sie. Liebe kann man nicht messen, sie ist, war immer und wird immer sein. So ist es auch mit unseren Engeln. Sie sind Gottes Boten, und er hat sie geschickt, um uns zu behüten auf allen unseren Wegen.

Durch unser liebevolles Miteinander und durch zauberhafte Meditationen schaffen wir auf unseren Engelseminaren eine Schwingung, die sehr hoch ist. Unter anderem sprechen wir auch über Erlebnisse mit Engeln, die uns sehr beeindruckt haben. So erzählte eine Teilnehmerin, was ihr vor einiger Zeit widerfahren war:

»Es war tiefer Winter, und die Straßen waren sehr glatt. Ich hatte mich mit meiner Freundin verabredet, und da ich bei dem Wetter nicht selbst fahren wollte, entschied ich mich, den Bus zu nehmen. Der hatte jedoch aus irgendeinem Grund Verspätung. An der Haltestelle stand bereits ein Mann, der auch wartete. Als der Bus einer anderen Linie an der Haltestelle hielt, rief uns der Fahrer zu, unser Bus sei in einen Graben gefahren, der nächste käme erst eine Stunde später.

Daraufhin beschloss der Mann, ein Taxi zu rufen, und fragte mich, wo ich denn hin müsste, und ob wir vielleicht zusammen fahren könnten?

Ich nannte ihm den Stadtteil, wo meine Freundin wohnte, und er meinte, das läge ja auf dem Weg. Und das wäre auch die Lösung gewesen, denn ich bin ein sehr pünktlicher Mensch. Doch ich weiß nicht, warum, ich spürte einen so starken Widerstand gegen diesen Vorschlag, dass ich scheinbar völlig grundlos ablehnte.

Ich entgegnete, ich wollte doch lieber auf den nächsten Bus warten. Er dachte, ich hätte nicht genug Geld bei mir, und meinte, er würde mich gern einladen. Um das Geld ging es mir jedoch gar nicht, den Fahrpreis für das Taxi hätte ich gern mit ihm geteilt.

Meine Gedanken überschlugen sich. Warum wollte ich nicht mitfahren? Ich hatte mich verabredet! Meine Freundin wartete auf mich! Es wäre die beste und einzige Möglichkeit gewesen, jetzt noch einigermaßen pünktlich zu ihr zu kommen. Was war bloß los mit mir? Ich verspürte einen enormen Druck, als wenn mir jemand sagen wollte: ›Nein, du fährst dort nicht mit!‹

Als das Taxi vorfuhr, wurde das Gefühl noch stärker. Der Mann fragte mich noch einmal, ob ich nicht doch mit wollte. Ich dankte ihm sehr, schüttelte den Kopf und sah ihm noch nach, als er die Tür schloss und das Taxi wegfuhr.

Am nächsten Tag erfuhr ich aus der Zeitung, dass dieses Taxi verunglückt war und beide Insassen, auch der Taxifahrer, schwer verletzt wurden. Da war ich nur noch unendlich dankbar. Es musste mein Schutzengel gewesen sein – es war so deutlich! Nachher habe ich den beiden Verletzten mit meinen Gedanken ganz viel Liebe geschickt!«

Solche Berührungen von Engeln können nie Furcht auslösen, sondern stärken uns in dem Glauben an sie. Sie sind immer liebevoll und dienen der Liebe und dem geistigen Wachstum. Gott ist Liebe, und deshalb kann jede Botschaft, die wir von unseren Engeln erhalten, auch nur Liebe sein. Sie haben jedoch nicht nur Botschaften für uns, manchmal zeigen sie sich uns in ihrer ganzen liebevollen Schwingung als Zeichen dafür, dass sie in ihrer Welt wirklich existieren.

Manchmal stellen sich uns auch unsichtbar Engel in den Weg und durchkreuzen unsere Pläne, dass wir mehr oder weniger unwillig eine andere Richtung einschlagen. Erst viel später erkennen wir, wie gut das war und welchen Sinn das hatte! Unmerklich arrangieren sie für uns Verabredungen, die uns wie scheinbare Zufälle vorkommen. Staunend schauen wir bisweilen auf Begebenheiten, deren Zusammenhänge wir mit dem Verstand gar nicht begreifen, und können diese nur unter Engelerlebnissen einordnen. Gelegentlich lassen sie uns auch spüren, wenn andere Hilfe benötigen, und geben uns feine Impulse durch unsere innere Stimme, ihnen zu helfen.

Unsere Engel greifen nicht in unsere Entscheidungsprozesse ein. Sich zu entscheiden, ist unser Göttliches Geburtsrecht, aber wenn wir sie um Absegnung einer Entscheidung bitten, dann werden wir überrascht sein, wie oft eine klare Botschaft oder auch ein Einwand von ihnen kommt.

In allen Hochreligionen wird gelehrt, dass Engel in Hierarchien leben, das heißt, dass ihnen ganz spezielle Aufgaben zugedacht sind, die ihrer jeweiligen Entwicklungsstufe entsprechen. Sie sind durchströmt von der Liebe Gottes und haben großes Verständnis für uns Menschen. Engel schenken uns Kraft, sie helfen uns, Ruhe und inneren Frieden zu finden, loszulassen.

Wie kommen wir nun in Kontakt mit unseren Engeln? In der hohen Schwingung unserer Seminare gelingt das fast immer, vor allem weil Engel mit uns in Kontakt treten möchten. Sie warten auf Ansprache, um Hilfestellung für unser Leben zu geben, aber nur, wenn wir das auch möchten.

Ich selbst habe ihre Liebe und ihre Führung so oft in meinem Leben erfahren dürfen, dass ich keinen Beweis mehr für ihre Existenz brauche. Sie sind Gottes und auch der Menschen Diener, haben die Aufgabe, uns zu leiten und zu unterstützen bei der Ausführung unseres Lebensplans. Sie zwingen uns niemals, etwas zu tun. Es ist uns überlassen, den Weg der Liebe zu gehen oder auch nicht.

Doch wenn ich diesen Weg verlasse, spüre ich jedes Mal, dass unsere Göttlichen Helfer mir Zeichen zur Umkehr geben. Gute Erfahrungen habe ich auch damit gemacht, meine Engel zu mir einzuladen. Damit lasse ich sie aktiv an meinem Leben teilnehmen und bitte sie in allen Lebenslagen um Hilfe. Abends vor dem Schlafengehen vertraue ich ihnen einfach meine Probleme zur Lösung an. Je mehr wir lernen, sie in unseren Alltag einzubeziehen, desto leichter werden wir mit ihrer Hilfe unseren Alltag meistern.

In den Jahren, als ich damit begann, eigene Seminare zu leiten, hatte ich natürlich weniger Anmeldungen als heute. Da konnte es schon mal passieren, dass sich kurz vor dem Termin einfach zu wenige Teilnehmer angemeldet hatten. Ich habe dann voller Vertrauen kleine Zettelchen geschrieben, die ich an den Fensterrahmen meines Büros klebte. Damit habe ich mich im Voraus bei meinen Engeln bedankt, dass das Seminar stattfinden kann, wenn es für alle richtig sei.

Für jeden Teilnehmer, den das Seminar noch brauchte, habe ich einen Zettel geschrieben, ein rotes Herzchen daraufgemalt und dafür gedankt, dass er kommt. Es klappte!

Zu Anfang so eines Seminars habe ich schon mal gefragt, wer sich erst kurz vor Beginn angemeldet hätte. Es gab immer viele Lacher, wenn sich dann zeigte, dass es manchmal mehr als die Hälfte waren! So helfen uns unsere Engel, wenn wir sie darum bitten und dieser Wunsch zum Wohle aller ist.

War irgendeine Spannung da, zum Beispiel mit meinen pubertierenden Kindern, dann habe ich meinen Schutzengel voller Vertrauen gebeten, mit dem Schutzengel meiner Tochter oder meines Sohnes Kontakt aufzunehmen, mit der Bitte, dass die beiden auf höherer Ebene den Konflikt unter sich auflösen sollten. Ich war damit raus aus der Nummer, und mir ging es schlagartig besser, weil ich wusste, die Lösung folgte auf dem Fuße.

Ich erinnere mich noch sehr gut, als Rico sein erstes Motorrad bekam. Auch ich wurde mit Bildern und Berichten von Motorradunfällen aus der Zeitung konfrontiert. So musste ich mich entscheiden, ob ich Angst aufbauen wollte, dass meinem Sohn etwas passieren könnte, oder ob ich meinem Engel vertraute und ihn bat, sich einfach bei Rico aufs Motorrad zu setzen und ihn von hinten zu umarmen.

Glaubt mir, es war ein wunderschönes Bild, wenn die beiden mit Power bei uns vom Hof düsten …

Affirmationen Engel

Ich bin jederzeit von meinen Engeln umgeben.

Ich bitte Gott und meine Engel,
mir zu helfen und mich zu führen.

Ich verdiene himmlische Hilfe,
und ich nehme diese Hilfe jetzt dankbar an.

Durch meine innere Stimme empfange ich Führung
von Gott und meinen Engeln.
Ich folge dieser inneren Führung voller Vertrauen.

Ich weiß, dass Gott und meine Engel mich immer lieben
und mich sicher durch mein Leben führen.

Mithilfe meiner Engel nehme ich mit Freude neue
Möglichkeiten wahr, um in der Welt Gutes zu tun.

Jederzeit vertraue ich darauf, dass Gott und meine Engel
mich bei der Erfüllung meiner Lebensaufgabe
richtig leiten.

Ich lasse jetzt alles Vergangene los und bitte meine Engel
um Transformation in Licht und Liebe.

Meine Engel lassen die Liebe Gottes in mir leuchten,
und ich selbst strahle diese Liebe auf meine Umgebung aus.

Epilog

In diesem Buch habe ich nur ansatzweise darüber berichtet, welchen Weg ich gegangen bin, um später in der Lage zu sein, selbst Seminare zu leiten. Es war ein Weg, der mir in vielen Situationen unendliches Vertrauen abverlangte. Von einer Außendienstposition, in der ich sehr erfolgreich war, wagte ich den Sprung ins kalte Wasser und wanderte innerhalb kurzer Zeit zweimal nach Kanada aus. Dabei habe ich oftmals das Wissen um die geistigen Lebensgesetze missbraucht – und das, was folgte, war die Wirkung: Ohne Partner, alleinverantwortlich für meine vier Kinder, kehrte ich zurück, kaum Geld in der Tasche!

Vor meiner Auswanderung ging es mir gut, vieles lief wie von selbst. Doch als ich finanziell ganz unten angelangt war, da war es mir überhaupt erst möglich zu zeigen, was ich gelernt hatte! Da konnte ich mir beweisen, wie viel Vertrauen ich wirklich hatte!

Ich gebe zu, so sehe ich es heute – in einer Situation, wo es mir in allen Lebensbereichen wieder sehr gut geht. Damals jedoch kam auch bei mir manchmal die Frage auf: Wird alles wieder besser?

Ich kann deshalb die Leser, die mir in einer ähnlichen Lage schreiben, sehr gut verstehen. Gern sage ich ihnen allen: Ich habe diese Frage damals nicht im Raum stehen lassen, sondern für mich sofort beschlossen: Ja, alles *ist* gut! Durch das Wissen um die Lösungen, die uns das Leben anbietet, konnte ich diesen Beschluss voller Vertrauen fassen. Wenn dann doch irgendein Zweifel aufkommen wollte, habe ich dem sofort meine Affirmationen entgegengesetzt.

All meinen Lesern möchte ich hiermit auf den Weg geben: Lest die Inhalte dieses Buches immer wieder!

Ihr werdet erkennen, dass in allen Lebensbereichen, die ich hier aufgeführt habe, im Grunde genommen nur eine einzige Botschaft liegt – die Botschaft der Liebe! Das Ego zurücknehmen und immer mehr ins Selbst kommen! Unser Selbst kennt nur die Liebe. Alle anderen Eigenschaften, die der Liebe nicht gleichen, gehören zum Ego, dem Gefühl, Opfer zu sein.

Also raus aus der Opferrolle – rein ins Vertrauen, ins Leben, ohne Netz und doppelten Boden! Mit dem Wissen, dass bereits alles in euch ist, schafft ihr es!

Auch ich hätte mich damals als Opfer sehen können, habe glücklicherweise aber sofort begriffen, dass die Entscheidung nur bei mir selbst lag. Ich habe mich für die licht- und liebevolle Seite des Lebens entschieden.

Wenn ich mal wieder in die andere Richtung abdrifte, greife auch ich sofort zu meinen Affirmationen, um mich wieder anzufüllen mit Licht und Liebe, um mein Leben wieder leuchten zu lassen.

Unendlich dankbar war ich, als mir vor Kurzem Affirmationen in die Hände fielen, die ich vor über zehn Jahren geschrieben hatte. Alle 17 Punkte, klar und deutlich für die kommenden Jahre formuliert, hatten sich inzwischen mehr als erfüllt.

Mit den Affirmationen hatte ich gedankt für die Liebe, die ich lebe, und für mein starkes Gottvertrauen in allen Lebenssituationen.

Auch hatte ich mich damals bedankt für meinen optimalen Lebenspartner, mit dem ich seit geraumer Zeit harmonisch und in Liebe zusammenlebe.

Erfüllt hat sich auch die Verfilmung meines ersten Buches ›... *nicht heulen, Husky!*‹. Dadurch sind meine Bücher sehr bekannt geworden und erreichen viele Menschen. Fast täglich erhalte ich wunderbare Briefe von meinen Lesern, in denen sie mir schreiben, dass es auch ihnen durch das Erkennen der geistigen Gesetze gelungen ist, Liebe, Harmonie und Wohlstand in ihr Leben zu bringen.

All meine Bücher laufen sehr erfolgreich. Meine Seminare sind voll, und das Gästebuch auf unserer Internetseite zeugt von der Liebe und Zufriedenheit meiner Teilnehmer, aber auch von meiner Dankbarkeit.

Erfolg und Wohlstand sind in mein Leben getreten, konnten sich aber nur vermehren, weil ich auch andere daran teilhaben ließ. So war und ist es für mich selbstverständlich, Organisationen für Menschen, die bedürftig sind, gern und mit Freude zu unterstützen.

Mit einer weiteren Affirmation aus dieser Zeit hatte ich mich für mein Idealgewicht bedankt, das ich auf Dauer halte. Ich gebe zu, dass ich dafür immer noch ein wenig tun muss, aber es klappt, und ich habe weit mehr als 30 kg abnehmen können.

Nach wie vor bin ich dankbar für meine große Kraft und meine gute Gesundheit, dankbar für meine Bücher und Seminare, in denen ich meinen Teilnehmern die gleichen Impulse vermitteln kann, wie ich sie damals selbst erhalten habe.

Einige von ihnen haben inzwischen selbst den Ruf des Lebens vernommen, eigene Seminare anzubieten, um dadurch weiteren Menschen Impulse zu geben, so wie es mir damals ergangen ist, als ich das erste Mal ein Seminar von Günter Ilse besuchen durfte.

Oft halte ich mitten in meinem Tagesgeschehen inne und bin einfach nur dankbar – dankbar für die wunderbare Aufgabe, die ich habe, Bücher über diese Themen zu schreiben, Seminare zu leiten und Liebe zu leben.

Uns geschieht nun mal nach unserem Glauben – nach dem Gesetz von Ursache und Wirkung! Lasst uns ganz stark daran glauben, dass uns immer, ein Leben lang, alle Türen offen stehen. Jeder von uns ist jung genug, alles zu tun.

Ich weiß, der Alltag sieht oft anders aus, aber wer hindert uns daran, die Regeln dieses Alltags mit neuen Gedanken und Glaubenssätzen umzustellen und damit neue Tatsachen zu schaffen?

Manche Menschen sehnen sich nach vergangenen Zeiten zurück, manche bangen vor der Zukunft. Aber Gottes Wahrheit besagt, dass wir im Jetzt leben sollen. Die Vergangenheit ist vorbei. Wir können sie nicht mehr ändern, sondern sie nur als Lernchance annehmen. Die Zukunft ist noch nicht gekommen. Nur mit den Gedanken von heute bestimmen wir unser Morgen. Jetzt können wir all die wundervollen Gotteseigenschaften zum Ausdruck bringen, die wir besitzen, um unserer Zukunft Richtung zu geben: Liebe, Frieden, Zuversicht, Harmonie – sie alle sind bereits in uns angelegt.

Lasst Gottes Liebe in unserem Leben voll erblühen! Jetzt – denn dies ist unser Tag!

*In diesem Sinne
wünsche ich jedem von uns:*

Lass dein Leben leuchten!

COUNTRY MENTAL POWER

Gila van Delden

Gepr. psychologische Beraterin – Therapeutin für Hypnose- und Entspannungsverfahren

Seminare für positive Lebensgestaltung

C.M.P. Seminare · Fischweg 7 · D-33790 Halle/Westf. · Telefon +49 (0)5201-665577 · Fax +49 (0)5201-665511

www.country-verlag.de • email info@country-verlag.de

Liebevoll geführte Meditationen von Gila van Delden

Begeisternde Rede **Best.-Nr. 3247-1**
Bei dieser schönen, geführten Meditation wird die Motivation aufgebaut, in größeren Gruppen zu sprechen. Sie werden in Ihrer Aussage immer sicherer und spüren die Begeisterung, die Ihnen von allen Seiten entgegenschlägt.

Traumreise ins Licht **Best.-Nr. 3247-2**
Eine zauberhafte, geführte Lichtmeditation – voller Licht und Kraft. Sie atmen das Licht der aufgehenden Sonne ein und beginnen, Ihren Körper mit dieser Kraft aufzuladen. So erhalten Ihre Wünsche Energie und fließen zu Ihrem Höheren Selbst.

Spiegel der Persönlichkeit **Best.-Nr. 3247-3**
Diese wunderschöne, geführte Phantasiereise wird das Tor zu Ihrem Unbewussten weit öffnen und Ihnen mehr Erkenntnisse geben für die verschiedenen Phasen und Erlebnisbereiche Ihres Lebens.

Weiser Ratgeber **Best.-Nr. 3247-4**
In dieser wirkungsvollen, geführten Meditation können Sie sich an die innere Stimme der Weisheit und Lebenserfahrung wenden, um von dort Zuversicht und Anregung bei der Lösung aktueller Probleme zu erfahren, wenn es sein darf.

Schmetterling **Best.-Nr. 3247-5**
In dieser lichtvollen, geführten Phantasiereise fliegen Sie in Ihrer Imagination als Schmetterling in das Land Ihrer Phantasie. Auf entspannende Art spüren Sie die Verwandlung, wie Sie in eine wunderbare Welt der Farben eintauchen.

Chakrenreinigung **Best.-Nr. 3247-6**
Diese wunderschöne Farbreise durch die sieben Chakren gibt Ihnen die Möglichkeit, diese universellen Energiewirbel farblich zu visualisieren und auf sanfte Art zu reinigen. Dadurch wird Ihr Energiefluss in allen Bereichen wieder aktiviert.

Herzenswärme **Best.-Nr. 3247-7**
Hier lernen Sie, auf leichte, aber wirkungsvolle Art Menschen und Situationen loszulassen, die jetzt nicht mehr wichtig für Sie sind. Sie schöpfen Klarheit und neue Kraft aus dieser Erkenntnis, die Sie für die Aufgabe Ihres Leben benötigen.

Delfin **Best.-Nr. 3247-8**
Ihr Freund, der Delfin, begleitet Sie spielerisch durch die ruhige See und taucht mit Ihnen in die tiefen Schichten Ihres Unbewussten ein. In dieser Meditation wird Ihnen ein Teil Ihres Wesens gezeigt, dessen Sie sich bewusster werden können.

Vergebung **Best.-Nr. 3247-9**
In dieser tiefgehenden Meditation können Sie alle Verletzungen aufarbeiten. Vergebungswünsche erreichen jede Seele, wo immer sie auch ist – im Diesseits oder Jenseits. Vergebung erlangen Sie auch für Ihr eigenes Fehlverhalten.

Heilung **Best.-Nr. 3247-10**
Diese heilende Meditation ist sehr kraftvoll und kann immer wieder bei allen seelischen und körperlichen Disharmonien eingesetzt werden. Mit wunderbarer heilender Energie wird dem Körper auf mentaler Ebene frische Kraft gegeben.

COUNTRY MENTAL POWER

Gila van Delden

Gepr. psychologische Beraterin – Therapeutin für Hypnose- und Entspannungsverfahren

Seminare für positive Lebensgestaltung

C.M.P. Seminare · Fischweg 7 · D-33790 Halle/Westf. · Telefon +49 (0) 52 01-66 55 77 · Fax +49 (0) 52 01-66 55 11

www.country-verlag.de • email info@country-verlag.de

C.M.P. Seminare

- schenken neue Lebendigkeit
- geben Ihnen Kraft, Ihr Leben zu meistern
- wecken Ihre Intuition
- beleuchten die Einheit von Geist, Körper und Seele
- helfen Ihnen, lösungsorientiert zu denken und zu handeln
- führen zu mehr Lebensqualität
- lassen Sie erkennen, wie reich und schön Ihr Leben ist
- führen zu innerer Harmonie und Stabilität
  und damit zu persönlichem und beruflichem Erfolg

… und Sie werden das Leben lieben!

Gila van Delden, gepr. psychol. Beraterin, ist Leiterin vieler Persönlichkeits-Seminare und Autorin der vier Tatsachenberichte **"… nicht heulen, Husky!", "Mutter Erde, trage mich …", "… gib uns Herzen, die verstehen!"** und der Folgeausgabe **"… aus einem kleinen Samenkorn"** sowie der Lebenshilfebücher **"Impulse zum Glücklichsein"** und **"Lass dein Leben leuchten".**

Seit 1994 leitet die Autorin Seminare zu folgenden Themen:

Kraft des Unterbewusstseins – Ursachen von Erfolg und Misserfolg – Selbstvertrauen – Loslassen – Trauerbewältigung – Ursachen von Krankheiten und Konfliktbewältigung zwischen Partnern, Kindern und Eltern – Auflösung von Blockaden.

Vertrauen auch Sie ihrer langjährigen Erfahrung im liebevollen und herzlichen Umgang mit Menschen. Diese Seminare sind in ähnlicher Form auch für Firmen geeignet.

Termine und Orte, an denen Seminare durchgeführt werden, können Sie unter der folgenden Anschrift und Rufnummer erfahren:

**C.M.P. Seminare · Fischweg 7 · D-33790 Halle/Westf.
Telefon +49 (0) 52 01-66 55 77 · Fax +49 (0) 52 01-66 55 11
www.country-verlag.de
email: info@country-verlag.de**

*Die Gedanken von heute sind die Wirklichkeit von morgen.
Warte nicht auf den Erfolg, sondern verursache ihn.
Dein Leben ist die Summe deiner Gedanken.*

Gila van Delden

Inspirierende Bücher für ein glückliches Leben

978-3-453-18279-0

978-3-453-86475-7

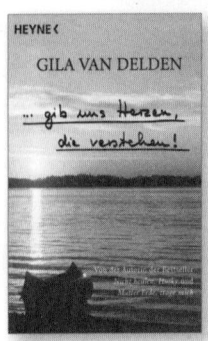

978-3-453-70058-1

978-3-453-70102-1

978-3-453-70063-5

Leseproben unter: **www.heyne.de**

HEYNE ‹